普拉提
塑形私教全书

【英】琳恩·罗宾逊 / 著
朱辛颖 / 译

中国轻工业出版社

　　琳恩·罗宾逊是深受世人尊敬的普拉提导师之一，是"身体控制普拉提"（Body Control Pilates）的创立人，该机构倡导的运动安全性以及运动高效性深受人们的认可。她曾出版过多本畅销书和DVD，包括《普拉提圣经》（The Pilates Bible）、《普拉提》（Pilates for Life）、《孕期普拉提》（Pilates for Pregnancy）。为了提高国际影响力，她不遗余力地在各个研讨会上为普拉提运动进行讲演，足迹遍布世界各地。

　　莎拉·克伦内尔曾受训于兰伯特芭蕾舞学校（Rambert Ballet School）和伦敦现代舞蹈学院（the London School of Contemporary Dance）。在成为有氧运动教练之前，她曾是一名健身教练。她接触普拉提是由于一次背部受伤。1999年她担任"身体控制普拉提"的教师。现在开办"莎拉教授国际教练培训班"，除了普拉提和有氧运动，她还教授拉丁舞、交际舞和游泳等，拥有40年的教学经验。

这是一本为你塑造体形,提升力量,打造曲线身材的终极指南。

作者:琳恩·罗宾逊

普拉提顾问:莎拉·克伦内尔

营养专家:海伦·福特,营养学荣誉学士学位、最佳营养研究所会员、英国营养和生活方式医学协会会员、英国补充和自然保健委员会会员。

序　言

无论高矮还是胖瘦，我们都应该与自己的身体快乐共处，无须为来自朋友、家庭、社交媒体和时尚的压力而烦恼。因为每个人都是独一无二、与众不同的个体。

"身体健康是幸福的首要条件。我们对身体健康的定义是，我们的身体达到并维持身心健康，带着自发的兴致和愉悦去完成日常繁多又复杂的事务，并感到轻松和满足。"

——约瑟夫·普拉提《以普拉提重返生活》

我们保持身体健康并努力获得理想身材，让我们的身体灵活、强壮、健康地去享受生活。我写此书的目的不仅是想让你获得理想的身材，更希望你拥有最佳的健康状态。这也是普拉提创始人约瑟夫·普拉提的目标——他坚信普拉提可以"唤醒"人们身体的内在能量并帮助我们"重返生活"。

转变不是一夜之间可以实现的，也不是花钱就可以买到的，只有通过规律的训练以及想要生活得更健康的决心才可以实现。如果你能拿出 3 个月时间，本书不仅可以帮助你重塑形体，更能让你获得最佳的健康状态。

在最初的几周，你就能感受到这项令人兴奋的训练计划所带来的好处。身边的人会注意到你看上去长高了，身材更好了。在这 3 个月期间，你将会焕然一新并且效果持久。

你脑中是否描绘过一个理想的身材？女性在外形方面承受着巨大压力，你不是一个人在面对。"要看上去有吸引力"——早期西方贵族女性为了让自己时刻看上去苗条有魅力，会将自己塞进紧身衣，由于勒得太紧，甚至呼吸都变得困难。然而，现代女性的压力远超于此，当我们的形象出现在社交媒体上时，我们无所遁形。

本书中出现的模特，身材各异，体形不同，但她们有一个共同点：保持规律训练并且拥有理想身材。

你需要花点时间思考自己真正的需求。是要六块腹肌，还是一个平坦的腹部？是要像拳击手一样粗壮的胳膊，还是要紧致有线条的手臂？或许你想打造你的身段，但要保持它该有的曲线。

你的身体由你来选择。本书的塑形训练计划会帮助你重新认识你的身体,并使你拥有想要的理想身材。

这本书写给谁

就是你!无论你是刚接触普拉提,还是资深练习者,这本书都将为你带来众多有价值的练习技巧和令人精神振奋的训练。我所创立的"身体控制普拉提"是具有创造性、创新性和权威性的机构。清晰的教学要点使我所出版的书成为该领域的畅销书,你手中的这一本也不例外。我将与你分享我多年的普拉提教学经验,让你感到我就在你身边。

本书会一步一步指导你。书中的训练计划很容易执行,因为书中的普拉提训练可以轻松地加入到你的每周计划中去。书中饮食方面的建议同样简单易行,生活方式方面的提示不但可以塑造体态,还会给你健康的体魄。

本书将为你介绍"身体控制普拉提"的最新基础训练,包括从头到脚身心结合的基础练习,以及如何增加这些练习难度的方法和锻炼肌肉的方法。如果你决定针对身体的某些部位进行加强锻炼,我将会非常欣慰。在本书的训练计划中,从鼻尖到尾骨没有一个部位会被忽略,包括腹部、腰部、手臂、肩部、臀部、大腿、小腿、背部等。书中有不胜枚举的、有趣的新方法来帮助你强身健体。

接下来由你决定多久锻炼一次,什么时间锻炼,以及锻炼多长时间。你可以选择每天进行短时间训练,或者每周5次长时间训练,还可以选择每周3次45分钟的训练。你只需要每周做150分钟(2.5小时)的普拉提

"琳恩是地球上唯一一个可以使我的腹部变得接近平坦的女人,因此我认为她是一个创造奇迹的人。"

——凯特·鲁 作家/记者

训练,再结合有氧运动和健康的饮食,就会对健康非常有益。

我不做不切实际的承诺,我追求的是在生活中保持住理想身材,不会出现"体重溜溜球效应"(指体重反复增加或减少——译者注),不需要做"地狱式"训练。取而代之的是,你将了解自己的身体并且可以用全面的、身体可承受的、持久的方法锻炼它。

为了获得理想身材,你要做的就是花12周的时间,完成这个训练计划。

"练习10节课后,你会感到不同;
练习20节课后,你会看到身体的变化;
练习30节课后,你会得到一个全新的身体!"

——约瑟夫·普拉提《以普拉提重返生活》

本书中的塑形计划有何与众不同之处

你的这次普拉提训练将会和过去大不相同！训练计划都经过精心挑选、设计，可以增强肌肉力量的新练习动作。我运用普拉提的运动原理重新设计了健身房的经典动作，如弓箭步、深蹲等，以此来提高燃脂效果。为了在最短的时间内取得最大成效，通过组合动作和编排练习顺序，我给以前最喜欢的普拉提动作增加了更多挑战。例如，"最新基础训练与更多塑形训练"一章中的桌面式动作是一个简单的练习（见74页），为了增加这个练习的难度，增强锻炼肌肉的效果，可以加入桌面式的抬臂敬礼与屈膝动作（见77页），甚至可以加入手臂负重或腿部飘起动作（见145页）。

一些新的组合动作十分适合那些没有太多时间锻炼的人。例如，可以组合双膝转动的胸腔闭合动作（见73页），这样就能在一个动作当中锻炼到髋部和肩部，很适合用来热身。

本书还对练习进行了次序排列，使一个动作紧随另一个动作，来达到每次练习都可以锻炼到更多肌肉的目标。例如，在本书151~155页的手臂负重练习系列中，目标肌肉包括肱二头肌、肱三头肌和肩部以及胸部肌肉。在练习中，如果你选择在膝盖内侧夹一个枕头，那么也会锻炼到大腿内侧的肌肉！

在最新基础训练的基础上，我们通过减少身体的支撑面来不断增加挑战——例如从猫式伸展（见95页）变为单臂猫式伸展（见96页），从臀桥（见158页）变为单腿臀桥（见160页），从墙式俯卧撑（见146页）变为单臂墙式俯卧撑（见147页）。

我们还通过使用哑铃和弹力带来增加负重和阻力。这样就有了许多新的动作，像背桥撑（见162页）就可以很好地锻炼到臀肌、核心肌群和手臂肌肉。每个动作都有不同的难度（难度1~6），你可以根据自身情况选择合适的难度，然后不断挑战更高难度。

平衡的健康生活

我不单单关心你的身材，还想让你的感受和你的外表一样令人惊叹，同时拥有最佳的健康状态和理想身材。约瑟夫·普拉提深谙此道，在他的两本著作《你的健康》和《以普拉提重返生活》中，不但写了他的"控制学"训练方法，还讲述了健康的生活方式带来的多种益处。

这两本著作分别于1934年和1945年出版。书中关于生活方式的建议，已被相关研究证明真实、可靠。翻开这两本书，你会看到里面有许多健康的生活方式建议。目前的研究也在强调这些建议，世人花了几十年才跟上普拉提先生的步伐。约瑟夫·普拉提并不完美，他抽烟酗酒，但在79岁高龄时还拥有连40岁的人都羡慕的身材，他一定是将某些事情做对了。为了延续他的遗志，最大化你的塑形效果并确保你获得最佳的健康状况，本书将为你提供关于健康饮食的建议（见28~33页），揭露压力、健康和体重增加的关系，说明睡眠、新鲜的空气、日照和黑夜的重要性，以及如何将这些融入生活中去的实用技巧。

通过有规律地练习普拉提，我希望你可以和身体更加和谐相处，并且理解你身体的自然节律和需求。有会员说，练习普拉提带来的高度身心结合的状态，能使人在生活方式上做出正确的选择。你开始能识别出疲劳的信号，这帮助你决定自己什么时候需要睡觉、睡多久。你开始注意到什么时候感受到有压力并且知道如何处理压力。更多的身体意识也可以帮助你选择合适的食物。

但这并非万无一失——总有一些时候你会感到有压力、疲劳和饥饿，而那时你的身体就会渴望高糖、高盐、高脂的食物——但我有一句格言让我十分受用："先吃你该吃的，再吃你想吃的"。我发现如果遵守这个规则，我对垃圾食品的渴望就减少了，身体也得到了滋养。

规律的锻炼和均衡的饮食对保持健康来说并不是什么新概念。希腊的希波克拉底（公元前460—370年）是第一个"有记载的"为病人提供书面运动处方的医生。

公元前600年，印度外科医生苏士鲁塔指出当人们吃得太饱、睡得太多并且长时间久坐后会导致肥胖，而肥胖与许多疾病相关。因此，他开出了运动处方，并主张"规律的体育锻炼能够使人远离疾病"。

2007年，美国运动医学会在美国医学会和军医署的支持下，推出了一个全球性的健康促进项目，他们鼓励医生和医疗健康专业人员在实际工作中推行体育锻炼。这个健康促进项目正式提出了"运动是良医"的学术理念以及健康成年人每周应该进行150分钟中等强度运动的建议。该建议至今仍在全球范围内适用。

既减重又塑形还是单纯塑形

在开始塑形计划前，必须了解自己的身体。你可能经常听到这样的说法，为了减脂塑形，要管住嘴，迈开腿，也就是要使消耗的热量大于摄入的热量。但最新研究表明，身体的热量循环远比这个简单的算式复杂得多。要记住，有些人体重很轻，但身材走样并且非常不健康，有些人的体重超过标准体重，却拥有好身材和健康的体魄。体重与减肥的对应关系十分复杂，本书会在稍后的内容中进一步探讨。

现在，我想说的是，本书中的训练计划是通过提高新陈代谢率，使你的身体能更有效地消耗摄入的食物。为此，你需要增加瘦体重——体脂肪的下层肌肉，它们每时每刻都在燃烧热量，甚至在你休息的时候也不停止。肌肉比脂肪需要更多的血液和氧气，这也使得身体需要消耗更多的热量去维持肌肉。为了保持效果，你需要肌肉来维持高水平的新陈代谢率。如果节食减肥，你也许可以减掉脂肪，体重也会下降，但如果不进行像普拉提这样的力量训练，你将会失去那些帮助你维持高水平代谢率的肌肉。事实上，一旦新陈代谢率下降，你将很难维持减下去的体重，因为只要多摄入了一点点额外的热量，你的体重就会反弹。

普拉提运动也许不能像跑步那样燃烧那么多的热量，但本书中的很多站立练习，特别是新弓箭步和深蹲也有燃烧热量的效果。随着训练次数的增加，你还能增加从头到脚的肌肉组织，它们会帮助你一天24小时燃烧热量，甚至在训练结束后也不停止。

普拉提运动带来的益处（来自我们会员的讲述）

- 提高身体意识。
- 拥有更好的体态。
- 增强脊柱灵活性和力量。
- 提高关节活动度，减少关节疼痛。
- 拥有更好的平衡性和协调性。
- 更高效地呼吸以及随之而来的健康和美丽。
- 增加骨骼强度。
- 增强耐力和力量。
- 获得更强壮的肌肉，特别是臀肌、股四头肌、腘绳肌，以及小腿、上臂和背部肌群，当然还有腹肌和盆底肌。
- 身材更有线条感，特别是腰部曲线。
- 更健康，脚部疼痛减少。
- 改善睡眠质量。
- 增强自尊心，提高自信心。
- 减少压力，达到更健康的心理状态。
- 让身体更健康，幸福感更强。

目 录

1 可以塑形的生活方式 / 13

> 良好的夜间睡眠 / 13
>> 怎样获得更好睡眠 / 14

> 新鲜的空气、光照和黑夜 / 18

> 压力、健康和体重管理 / 24
>> 怎样缓解压力 / 25

> 以运动作为正念练习来获得健康 / 26
>> 简易冥想 / 27

> 健康食品 / 28
>> 保持健康体重的关键营养素 / 30
>> 橱柜中常备的必需品 / 31
>> 选择食物的提示 / 33

2 体重管理 / 35

> 为了达到理想体重，我们应该如何开始 / 36
>> 身体组成 / 36

> 腰臀比——你是苹果形还是梨形身材 / 38

> 你真的需要减重吗 / 39

> 我们的塑形计划是如何工作的 / 40
>> 在你开始之前 / 40
>> 良好的练习技巧 / 42

3 最新基础训练与更多塑形训练 / 45

> 中立位 / 46
>> 起始姿势（难度1）/ 48

> 呼吸 / 62

> 核心 / 64
>> 调光开关 / 64
>> 寻找你的核心 / 66
>> 挑战你的核心：核心稳定 / 68
>> 流畅性 / 90
>> 向下卷动 / 110

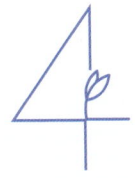

4 常见部位塑形练习 / 115

> 腹部 / 116
>> 百次拍击（难度1~5）/ 124

骨盆卷动系列 / 130

> **腰部** / 138

侧面扭转系列 / 138

侧踢系列 / 141

> **手臂和肩部** / 144

手臂负重练习系列 / 151

> **臀部和腿部** / 156

臀桥系列 / 158

后拉腿系列 / 162

普拉提深蹲系列 / 168

动态弓箭步 / 170

> **背部** / 174

眼镜蛇（以及其他爬行动物）系列 / 174

塑形训练计划 / 195

> **最新基础训练** / 197

训练难度 1 ~ 2 / 197

训练难度 1 ~ 3 / 200

训练难度 1 ~ 5 / 209

训练难度 1 ~ 6 / 210

> **健康的未来** / 219

在你的塑形计划中加入有氧运动 / 187

> **需要多少有氧运动** / 187

> **选择合适的强度** / 189

> **让身体更加活跃、更加积极**
——碎片化训练使你更接近目标 / 190

短时拆分训练 / 190

安全的有氧运动 / 193

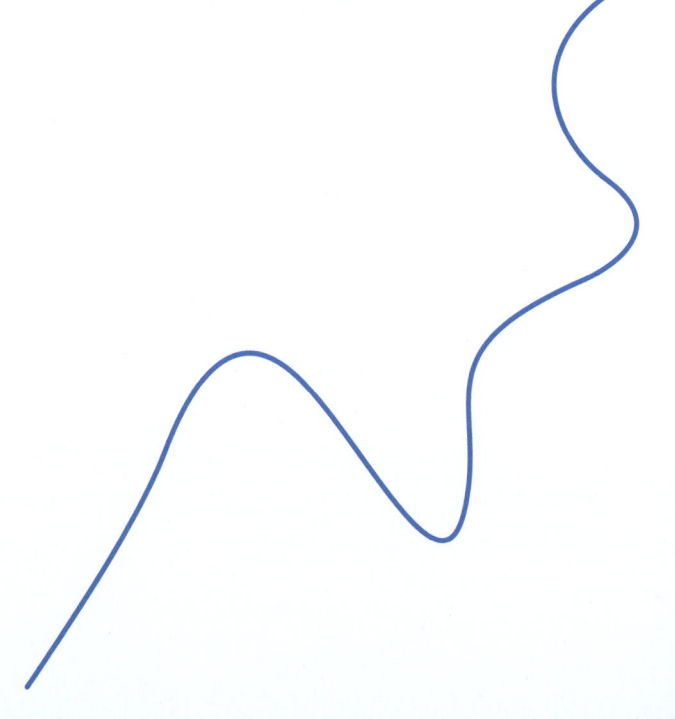

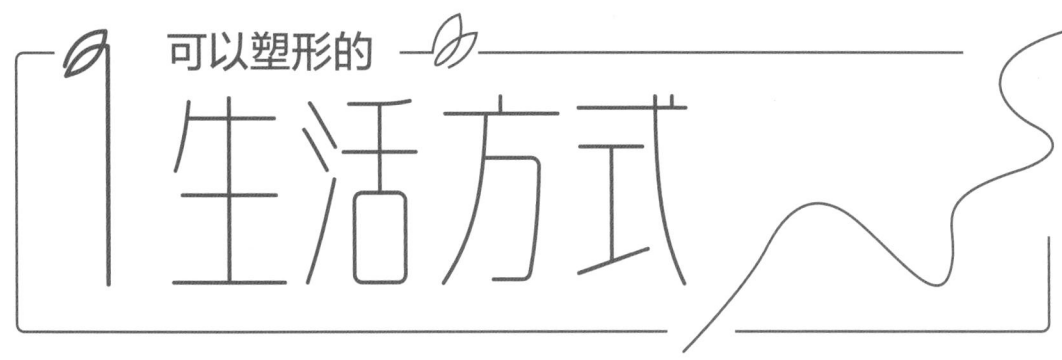

1 可以塑形的生活方式

良好的夜间睡眠

> "……适当的饮食和睡眠是除了运动之外必需的重要补充,为我们追求健康的道路保驾护航……一个人如果能够在饮食、睡眠和运动方面花费足够的心思,那么这个人毫无疑问就是那种做到了'预防是最好的药物'的人。"
>
> ——约瑟夫·普拉提《以普拉提重返生活》

约瑟夫·普拉提特别强调良好的睡眠对于健康的好处——不过他希望大家都可以睡在一种"V"形床上(一种由约瑟夫·普拉提设计的床,床板分为两块,分别向床中间倾斜,从床尾看形成一个"V"字形)!他认为要想睡个好觉,最重要的就是要保持环境安静、黑暗、空气新鲜以及精神放松平和。

晚上睡个好觉还有助控制体重。医生们早已知道,睡眠质量会影响许多激素的分泌,尤其是瘦素和饥饿激素,它们共同作用控制人体的饥饿感和饱腹感。肠胃分泌的饥饿激素能刺激食欲,而脂肪组织分泌的瘦素则会向大脑发送信号,告诉我们什么时候吃饱了。如果没有足够的睡眠,瘦素分泌就会减少,这意味着即使吃了足够多的食物,你仍然会感到饥饿。与此同时,睡眠不足还会导致体内饥饿激素的分泌增加,从而刺激食欲。

睡眠质量也很重要。恢复性的深度睡眠或慢波睡眠(非快速眼动睡眠)时间减少,会使生长激素的水平显著降低,生长激素是一种能帮助成年人调节脂肪和肌肉比例的蛋白质。

睡眠不足会影响整体健康。当我们睡觉时,体液流经大脑排出毒素,类似的过程也在全身发生。如果没有得到足够的睡眠,这些自然过程就会被打乱,我们的身心都会受到伤害。

为了健康,我们需要尊重身体的昼夜节律,它是帮助调节人体系统的体内生物钟。

你需要多少睡眠?研究人员认为,每个人的最佳睡眠量各不相同。一些人一晚上只需6小时的睡眠,而另一些人则需要8小时甚至9小时。因此,是否睡够了,答案只有你自己知道。

怎样获得更好睡眠

- 设立一个固定的就寝时间——成年人和孩子一样都需要这个。
- 设定固定的起床时间,避免在周末晚睡、晚起,这会像打乱时差一样打乱你的生物钟。
- 睡前做一些放松的活动,如阅读、听音乐或做一些温和的普拉提运动(见 16 页)。
- 睡前不要看恐怖片,电视上任何让人兴奋的节目也要避免观看,另外,睡前 3 小时避免做激烈运动。
- 晚上不要摄入咖啡因(除了咖啡,注意茶也含有咖啡因)。
- 晚餐适量进食,不要不吃,这样你就不会饿着肚子上床睡觉了。但睡前不能吃零食,否则会增加胃的负担。
- 如果午睡能让你感觉良好,不妨在下午打个盹儿,但如果晚上睡不好,那还是不要睡午觉了。
- 当心!酒精会扰乱你的睡眠周期。它能使大脑皮层镇静,但镇静不是睡眠。它还会抑制快速眼动睡眠期和深度睡眠。
- 将卧室的温度调至利于入睡的温度——18℃,这有助降低体温,促进睡眠。
- 洗个热水澡来使血液流向皮肤表面。血管扩张有助体内的热量散发出来,从而降低体温。
- 在黑暗的环境中睡觉可以促进褪黑素的分泌,褪黑素是一种诱导生理睡眠开始的激素。
- 睡前禁止使用会发出"蓝光"的设备——手机、笔记本电脑、平板电脑和电子表,让它们远离卧室。因为蓝光会阻碍褪黑素的分泌,使大脑无法将夜晚识别为睡眠时间。
- 如果你不需要在晚上看时间的话,请把所有的钟表从你的视野中移除。
- 在白天获得足够的光照,可以增强你的昼夜节律(见 18 页)。
- 确保床垫和枕头是舒适的。选择一个最适合你的床垫——硬一点的床垫可能对背部更好,但它也可能会对关节产生压力。
- 如果你的思维无法停止,那就列一个任务清单。把任务写在纸上可以帮助你厘清思路,停止焦虑。请在另一个房间里写清单,最后写下当天或一周内发生的正能量的事情。睡觉前就把这个清单留在那个房间。
- 如果你在上床 30 分钟后还不能入睡,那就起床。读一本乏味的书(在另一个房间,卧室只用来睡觉),或者去散散步,也可以做一些普拉提运动。

促进良好睡眠的普拉提训练

- 仰卧屈髋屈膝位（见 48 页）
- 收下巴和颈部转动（见 52 页）
- 双膝转动（见 73 页）
- 单臂沉肩（见 78 页）
- 单腿滑行（见 68 页）
- 脊柱卷动（见 90 页）
- 猫式伸展（见 95 页）
- 蜥式起身（见 178 页）
- 休息姿势（见 108 页）
- 眼镜蛇预备式转颈（见 175 页）
- 髋部卷动之胸腔闭合（见 103 页）
- 仰卧手臂开合（见 100 页）
- 单侧伸展（见 104 页）
- 向下卷动（见 110 页）

1 可以塑形的生活方式

新鲜的空气、光照和黑夜

> "尽一切可能享受可以得到的阳光和新鲜的空气。"
>
> ——约瑟夫·普拉提《以普拉提重返生活》

在我们的档案中有很多约瑟夫·普拉提锻炼的照片,其中很多都是他穿着泳裤在户外锻炼的照片。他想要向我们展示他健美的体格,但他更知道在户外呼吸新鲜空气和沐浴阳光的好处。小时候,约瑟夫患有佝偻病,这是一种由于缺乏维生素D(人体可以通过阳光照射来合成这种维生素)而引起的骨骼畸形疾病。约瑟夫就经常在夏天将自己晒得黝黑。而现在因为阳光与皮肤癌有关,人们更担心太阳光的伤害而不是它能带来的益处,但我们的身体确实需要一些阳光来保持健康。

记者琳达·格迪斯在她2019年出版的《追逐太阳》一书中解释了阳光是如何塑造我们的身体和思想的。她认为,由于现代生活中白天太暗夜晚太亮,我们很难遵循身体自然的昼夜节律——帮助管理和调节身体器官的生物钟。

在煤气灯和电灯发明之前,我们的祖先黎明起床,黄昏就寝(蜡烛是很贵的)。而现在我们很少会长时间待在黑暗中,同时在户外晒太阳的时间也很少。格迪斯认为这样的生活状态会对我们的健康产生负面影响。缺少日照是导致东亚儿童近视的重要因素,那些远离赤道的国家的人们也会因缺乏阳光而导致自身免疫性疾病及多发性硬化症发病率较高。需要倒班的人也会面临健康风险,包括心理健康问题、肥胖、心脏病和癌症等。

让家里和工作场所符合我们的昼夜节律其实很简单,比如使用接近自然光的灯泡,以及在晚上关灯。但更为重要的是,你应该花尽可能多的时间去户外活动。时下兴起的森林学校的做法值得借鉴。在森林学校里,无论天气怎样,雨天或是晴天,孩子们都会在户外学习,这类似于日本的"森林沐浴",让人们在森林中改善健康。"森林沐浴"起源于20世纪80年代,是日本的一项国家级健康促进项目,据说日本每年有250万人会进行"森林沐浴"。

有证据证明接触大自然对心理健康有益。马德里大学和挪威生命科学大学的一项联合研究(2007年)显示,仅仅看一下自然风景就有可能加速精神疲劳的恢复和压力的减少。此外,英国埃克塞特大学的研究表明,在城市环境中加入植物,可以使城市居民的焦虑程度降低,抑郁症状减轻,压力减少。

有时间尽量去户外吧。根据埃克塞特大学的研究(2019年科学报告),这是对身体健康和心理健康有益、能降低压力水平和血压所需的最少的时间。

户外训练提示

- 请选择户外的有氧运动。在树林里轻快地散步比在跑步机上跑步好，在户外骑自行车比在室内骑动感单车好，草地网球比室内壁球好。
- 不要让天气影响你外出的计划。挪威人有句俗话说得好："哪有什么坏天气，不过是穿错衣服而已！"
- 请穿方便穿上和脱下的衣服，这样你可以根据实际情况，增减身上的衣物（因为我们并不都像约瑟夫·普拉提那样强壮）。
- 夏天的时候，请选择在阴凉处运动；不要在烈日下或一天中最热的时间运动，即便涂了防晒霜也不行。在清晨或傍晚的时候运动可以最大限度地降低晒伤的风险。注意补充水分。
- 在凉爽的月份里，温和的阳光对我们的健康和骨骼是十分有益的——试着每天晒10分钟太阳。
- 在一块平坦的地面上铺上普拉提垫（你可能需要两块垫子），平坦的地面可以使你找到骨盆和脊柱的最佳位置。
- 如果身边没有平坦的地面，你可以选择站姿的普拉提训练。
- 如果你穿着鞋进行户外普拉提训练，请选择有弹性的鞋底，这样你的足部可以灵活地活动。

户外站姿普拉提训练

- 双腿上提下压（见 156 页）
- 普拉提站姿肩部划圈（见 84 页）
- 站姿单侧伸展（见 104 页）
- 普拉提深蹲下的二头弯举（见 169 页）
- 静态站姿弓箭步下的腰部扭转（见 98 页）
- 动态站姿弓箭步下的双臂飘起（见 172 页）
- 站姿后弯下的肩部划圈（见 185 页）

22　普拉提塑形私教全书

户外垫上普拉提训练

找一块干净的平地。
- 仰卧屈髋屈膝位（见48页）
- 收下巴和颈部转动（见52页）
- 双膝转动之胸腔闭合（见73页）
- 卷腹下的单膝行军踏步（见93页）
- 卷腹旋体下的单手伸展（见117页）
- 蝴蝶式（见101页）
- 俯卧菱形手位下的抬臂敬礼（见107页）
- 双膝跪地俯卧撑（见150页）
- 高位跪姿弓箭步下的单侧伸展（见105页）
- 动态弓箭步下的二头弯举（见173页）
- 负重向下卷动（见112页）

1　可以塑形的生活方式

压力、健康和体重管理

> "这种没有神经紧张和过度疲劳的身体是自然界提供的理想住所,用来容纳一个能够成功地应对现代生活有可能带来的所有复杂问题的内心。"
>
> ——约瑟夫·普拉提《以普拉提重返生活》

世界卫生组织(WHO)将压力称为"21世纪的流行病"。我们需要更深入地了解压力是如何让人发胖的,以及锻炼——尤其是普拉提训练——如何有助于缓解压力。

现代的生活方式给人们带来了更多的压力,而我们的身体无法长期忍受这些压力。因为在进化过程中,我们获得的是应对短期的紧急压力的能力。持续的慢性压力会给肾上腺(应激腺)带来很大的负担,并刺激肾上腺素和皮质醇的分泌,肾上腺素是"战斗或逃跑"激素,皮质醇是一种储存脂肪的激素,它在压力过大和血糖水平波动时产生。

压力本身并不是坏事,特别是面对潜在的危险时。人类的祖先在面对猛犸象或剑齿虎时,身体会做出准备战斗或逃跑的反应。下丘脑(大脑中的一个区域)被激活后,脑垂体释放促肾上腺皮质激素,它作用于肾上腺产生应激激素。糖被释放到血液中,这样我们就能跑得更快,打得更激烈。与此同时,肌肉和肝脏细胞对胰岛素产生抵抗,因此糖就留在了血液中。此时心跳加速,血压升高,任何不必要的身体机能都停止运转(为了节省消化吸收的热量身体可能会感到不舒服,或者可能需要上厕所)。不管是与猛犸象或老虎搏斗,还是直接逃跑,都可以缓解压力反应。

如今,我们面对的压力类型已经彻底改变。那些需要去战斗或逃跑来保命的事件已经很少发生,因此在大多数情况下,我们面临的长期压力并不能通过战斗或逃跑来缓解。这些压力可能来自长时间的工作、经济状况、婚姻问题、对孩子的担忧……

慢性压力会削弱免疫系统,加速衰老,并引起新陈代谢的变化,从而导致体重增加。如果你每天都在忙碌,你可能会认为繁忙的活动可以帮助你减肥。但实际恰好相反,长期的压力会干扰你的饥饿感和饱腹感,使你对某些食物产生渴望。糟糕的是,人们在压力下渴望的不是西蓝花,而是高糖高脂肪的垃圾食品。

压力促使身体将多余的热量储存为脂肪,因为身体将压力视为艰难的日子也许是饥荒即将到来的信号。当然,身体将脂肪储存在了所有我们熟悉的地方:腹部、大腿和臀部。如果这种处于长期压力下的状态持续下去,你就会增加患肥胖、2型糖尿病、高血压、失眠、抑郁、焦虑和心脏病的风险。

短期炎症,是免疫系统帮助你快速修复的结果,但如果继续发展成慢性炎症,就有可能造成DNA损伤了。

Pilates

怎样缓解压力

- 每天做 10 分钟的正念冥想或正念练习，如普拉提、瑜伽或太极。
- 学会在适当的时候说"不"——学会将任务委派给别人，当你确实感受到非同寻常的压力时，试着和别人倾诉一下你的感受。
- 增强自尊心，尤其当你发现自己陷入自我怀疑的恶性循环时。去回想那些你成功解决问题的高光时刻，与那些积极向上的人做朋友，他们会帮助你并且肯定你。
- 带着快乐的想法入睡，列出所有美好快乐的事情，包括今天发生的和明天计划去做的。
- 采用健康的饮食模式，定时用餐，专心进食，选择可以稳定血糖水平的食物（见30页）。但是要注意，不要因为在饮食上对自己过于苛刻，而产生压力。
- 在饮食中添加镁元素。镁可以帮助身体放松，缓解抑郁症状。燕麦、香蕉和芸豆都是食物中很好的镁的来源。
- 放下你的手机，尤其是在和朋友出去以及在吃饭的时候。可以考虑在晚上 9 点到早上 8 点之间禁用手机。
- 安排一些水疗休养来放松和享受。
- 当生活中的某一部分，比如工作，让你感到有压力时，试着把精力转移到你能控制的领域，比如园艺、装饰或普拉提。
- 请花时间和精力更多地与家人和朋友相处——与所爱的人的关系融洽是我们幸福的关键。
- 尝试为最喜欢的慈善机构奉献时间，将会使你感觉很棒。

- 尝试冥想或正念课程。它对健康的益处数不胜数，包括降低血压、心率、皮质醇和其他应激素水平。它还能帮助你在练习普拉提时专注于你的动作。
- 多笑，这可能是缓解压力的终极方法。如果你记不起上次捧腹大笑时的情景，那么是时候去认真计划制造一次欢乐了。

以运动作为正念练习来获得健康

> 我们的身形是由精神本身塑造的。
>
> ——约瑟夫·普拉提《以普拉提重返生活》

一年之中选一天做一次水疗能减轻的压力十分有限——我们需要一个更持久的解决方案来避免与压力有关的疾病以及控制体重。运动,无论何种形式,都是一种非常有用的减轻压力的方式。运动可以刺激大脑的"奖励中枢"产生内啡肽,一种让人感觉良好的激素。运动还可以增加血清素和去甲肾上腺素的分泌,来缓解压力,使我们感觉更快乐。

更重要的是,当通过运动来挑战自我时,可以锻炼大脑和身体去应对压力,使我们能够更好地处理生活中各种复杂的情况。这就是为什么要在本书的塑形计划中加入更具挑战性的内容,并建议在每周的日常训练中增加有氧运动的原因。

经常做普拉提的人总是提到,他们在练习之后会感到平静、放松和快乐。一直以来我们都以为这是运动后产生的激素使他们感觉良好,另外课程中所教授的平静呼吸技巧也功不可没。但美国匹兹堡大学的相关科研人员在2016年的一项研究中,对普拉提(以及其他身心练习)为什么能舒缓压力有了新的解释。

这项研究表明神经网络可以将大脑皮层和肾上腺髓质连接起来,为生理和心理之间的关系提供了神经基础。这样看来,同样的大脑网络也与控制运动的运动皮层有关。这项研究或许可以解释为什么冥想、瑜伽和普拉提等运动可以帮助调节身体对生理、心理和情绪压力的反应。

正念越来越被认为对健康有极大的好处。而正念和体重管理之间似乎还有着意义深远的联系。2018年英国华威大学研究人员在英国本土进行的一项关于减肥的研究结果显示,在研究进行的6个月内,那些在减肥计划中加入正念训练的人比只执行研究所规定的减肥计划的人减去了更多的体重。

正念到底是什么?它被描述为一种身心练习,在这种练习中,你需要学习去觉察你当下的思想、身体和环境。这可以通过静坐冥想来实现,也可以通过普拉提、瑜伽和太极等正念练习来实现。

普拉提运动要求身心相结合,你的心必须时刻专注于你的动作。你需要全身心地去觉察你的呼吸、姿态和动作。对于那些觉得冥想很困难的人——我自己也属于这一类人——普拉提提供了一个很好的替代方法。我们称之为以运动作为正念练习。

简易冥想

Pilates

找一个安静的、不会被打扰的地方。房间要保持温度合适,光线柔和,通风良好。
你可以将下面的引导语进行录音,这样就可以边听边进行放松了。

1. 舒服地坐在椅子上,双脚平放在地上或盘坐在垫子上。可以用一个靠垫支撑,保持脊柱直立,也可以靠在墙上,还可以尝试躺下进行冥想。我个人更喜欢在膝盖下放一个大枕头。
2. 闭上眼睛,放松下巴和面部肌肉。让你的舌头在根部变宽。
3. 将意识带到呼吸的平缓起伏中去。吸气时,感受腹部的轻微扩张。呼气时,让气体轻柔地从口中流出。
4. 做到呼气持续的时间是吸气时间的两倍。清空肺部后,你能感受到肺部充满了新的空气。缓慢地呼吸,在呼气和吸气时心里默数时间。
5. 一点又一点,将一整天积聚下的烦恼从脑中清空,直至可以专注于一个积极的想法、画面或是肯定。
6. 当准备好后,慢慢地将意识收回,去感知周围。首先是声音,接着是气味,然后睁开眼睛。
7. 慢慢地动一下身体,如果你是平躺的,请翻身侧卧在一边,停留一会儿,然后慢慢站起;如果你是坐着的,请慢慢地小心站起来。

1 可以塑形的生活方式

健康食品

有规律的正念练习有助于身心的结合,让你开始意识到自己的自然节奏,包括更了解自己什么时候以及多久应该进食一次,以及哪些食物对你有益。

享受食物很重要。进食的体验从整体上来说,需要同时满足大脑、身体和灵魂,它应是一种乐趣——而不仅仅是让你从A点到达B点的燃料。专心进食是第一步。当你分心的时候,是无法享受一顿饭的,在屏幕前吃饭或是边工作边吃饭会损害消化系统。如果你吃饭时不专心,没有用心观察正在吃的东西,就会一不小心吃掉过多的食物。我们的目标应该是与全家人一起度过悠长而欢乐的用餐时间,这也是许多地中海国家人们的饮食特点。

肠道健康会影响你的体重和整体健康。关于肠道微生物菌群的研究表明,饮食和压力水平会影响肠道中有益细菌和有害细菌的比例。一项研究*用两组体重相同的老鼠作为实验对象,研究人员给一组老鼠投喂某些食物使它们变胖,给另一组老鼠投喂另一些食物使它们变瘦。接着,他们将变胖的老鼠肠道中的微生物菌群移入瘦老鼠体内。瘦老鼠继续进食先前使它们变瘦的食物,但这时它们却变胖了。该结果令人兴奋,因为它表明通过良好的食物和有助于缓解压力的专心进食方法可以滋养肠道,以此对人们的健康和体重产生积极影响。

禁食是一种有助于减肥、改善血糖、增强脑功能和延长寿命的趋势。其中最受欢迎的是16/8间歇性断食法,即在8小时内进食,剩余的16小时禁食。这个强度的计划似乎比5/2天断食之类的计划更容易遵守和实现,因为在那些计划中经常会出现暴饮暴食的现象。

人们认为,在断食期间,胰岛素敏感度会提高,从而防止体内胰岛素水平的陡升和急降。在两餐之间,只要不吃零食,体内胰岛素水平就会下降,脂肪细胞就会释放储存的糖作为热量供人体使用。如果能使胰岛素水平持续下降足够长的时间,就可以燃烧脂肪,减轻体重。此外整体摄入的热量减少(即在可以进食期间没有吃得过多)也可以帮助减重。在开始任何新的饮食计划之前,一定要向医生、营养师寻求建议,特别是如果你有健康问题的话。

* P Lu, C P Sodhi, Y Yamaguchi, H Jia, T Prindle, W B Fulton, A Vikram, K J Bibby, M J Morowitz, D J Hackam, "肠上皮样受体4(TLR4)通过调节小鼠肠道上皮细胞与微生物的相互作用预防代谢综合征",《黏膜免疫学》,2018。
文献代码DOI: 10.1038/mi.2017.114

保持健康体重的关键营养素

B族维生素 你需要充足的B族维生素来将食物转化为热量。蔬菜、坚果、种子、全谷物、瘦肉、鱼等，可以为身体提供充足的B族维生素。

ω-3脂肪酸 这是一种"必需脂肪酸"，之所以这么说是因为人体内不能自行合成，必须从食物中获得，而且几乎每个细胞都需要它。缺乏ω-3脂肪酸会导致血液循环中的血糖含量升高，进而导致胰岛素抵抗，而胰岛素抵抗是导致体重增加和2型糖尿病的主要因素。ω-3脂肪酸主要存在于油性鱼类（罐头是一个很好的来源，有时比新鲜的更好）、核桃、奇亚子和亚麻子中。

锌 对于控制人体对糖的渴望和日常食欲来说锌的摄入十分重要，也在分泌甲状腺激素的过程中扮演着重要的角色。它存在于贝壳类海产品、红色肉类、动物内脏等食物中。

铬 铬能帮助平衡血糖，防止血糖过高或过低时，身体对食物的渴望。膳食铬的主要来源是各类肉类及鱼贝类。

益生菌 世界卫生组织对这些微生物给出这样的定义："当给予适当数量时，它们是对宿主健康有益的活微生物。"可以在酸奶和发酵食品（如味噌、纳豆、泡菜、酸菜）中找到益生菌。

维生素D 在北半球有高达50%的成年人缺乏维生素D，而维生素D是人体骨骼健康所必需的。当皮肤曝露在阳光下时，身体就会合成这种维生素（而涂抹防晒霜对此有阻隔作用）。我们只能从饮食（如蛋黄和油性鱼类）中获得身体所需的大约15%的维生素D。在补充维生素之前检测体内维生素D含量水平来评估合适的摄取剂量是很重要的——因为维生素D是脂溶性的，它会被储存在肝脏里而不会被排泄出来。最好服用液体补给品。

橱柜中常备的必需品

罐装番茄 可以作为意大利肉酱面、炖菜、咖喱和汤的基本配料。

大豆类 富含植物蛋白质、锌、钙和镁。有黄豆、黑豆、青豆可供选择。罐装或小袋包装更方便。

糙米 转化为糖的速度比白米慢，而且富含B族维生素和锌。

坚果和种子 富含蛋白质、必需脂肪酸和锌，是很好的零食。

全麦面 分解成糖的速度比普通面要慢。

天然酸奶 选择全脂酸奶，这样你可以保持血糖水平稳定，饱腹感更持久；别喝水果酸奶，因为即使是很小的一瓶也含很多的糖。

橄榄油 富含健康的单不饱和脂肪。

鱼类 新鲜的鱼通常是最好的，但罐装的营养价值也非常高。油性鱼类提供大量的蛋白质和ω-3脂肪酸，而含有骨骼的罐头鱼是钙的极好来源。

鸡蛋 最好是有机的，或者至少是散养的。鸡蛋富含卵磷脂、维生素A、维生素D以及丰富的蛋白质。

豆腐 富含植物蛋白质，以及有助调节内分泌的植物雌激素。

藜麦 蛋白质含量高，富含B族维生素和锌。

肉类 选择瘦肉，每周至少有两餐不吃肉。试着在肉类中加入蔬菜或豆类，这样就能得到更多的植物蛋白质。

奶酪 吃各种各样的奶酪，但是要避免低脂的品种。山羊奶酪更容易消化。

椰子油 因为含有饱和脂肪酸，所以它的名声并不好，但它特有的中链脂肪酸能促进体内产生热量，提高新陈代谢率。研究表明，它对胆固醇也有积极的影响。它还含有月桂酸和亚羊脂酸，这是两种天然的抗微生物和抗真菌成分。

选择食物的提示

- 如果你不是正在进行 16/8 断食计划，那就从早餐开始一天的生活，最好在醒后 1 小时内吃早餐，这样可以防止肾上腺素和皮质醇的激增。
- 定时进食，以保持血糖稳定。
- 每一餐和零食都要富含蛋白质——例如可以在粥中加入坚果。这样可以减缓碳水化合物转化为热量的速度，让饱腹感更持久。
- 将小麦制品的摄入量降到最低——小麦的种植方式意味着它含有很多麸质（一种蛋白质），它会刺激肠道，而种植在矿物质缺乏的土壤中的小麦也会流失掉许多营养物质。临床经验表明，许多没有耐受不良反应或过敏症状的人实行低麸质饮食后感觉更好。
- 不要计算热量——这是不可持续的行为，身体消耗热量的方式也并不是完全相同的。
- 扔掉体重秤——体重秤上的数字枯燥乏味，使人灰心丧气，更会让人产生强迫行为。
- 不要去追求做出复杂的料理——食材新鲜才是关键。
- 进行菜单计划——计划好每周要吃的食物，这真的很有帮助。
- 多吃植物性食物——从每周一顿无肉餐开始。
- 避免食用减肥食品——它们总会有陷阱，通常是添加了甜味剂，以及写了各种化学成分的配料表，曾祖母看了甚至都认不出那是食物。
- 不要喝果汁，或者稀释它。当你吃完整的苹果时，它的膳食纤维既有一定饱腹感，又有通便的作用；当水果除去果皮和果肉，只留下液态的果糖时，它会迅速进入血液，引起胰岛素的分泌。

- 你可以把姜块、黄瓜、青柠和薄荷冷冻起来，自己制作饮料。
- 将你目前的酒精摄入量减半。完全不喝酒可能很难长期坚持，但每周至少有 3 个晚上请远离酒精。
- 选择花草茶，并且每天只喝一杯茶和咖啡。因为它们会给肾上腺压力，使血糖水平升高。
- 远离人工甜味剂——它们比糖甜很多倍，会增加人们对甜味剂的渴望，而且有研究表明，经常食用人工甜味剂的人腰围更大。还有研究显示，它们会破坏肠道微生物菌群（见 28 页）。
- 请给减肥多点时间。那些承诺快速减肥和急速减重的计划是不能长久坚持的，会让你陷入"体重溜溜球效应"（指体重反复增加或减少——译者注）。
- 不要对自己太苛刻。你可能需要花上 6 个月的时间来找出什么是适合你的，并改掉那些根深蒂固的习惯。

2 体重管理

我们已经讨论过为了获得最佳的健康状况和幸福生活，选择正确生活方式的重要性。现在让我们进一步来说说体重。

尽管全球健身文化大力推崇"清洁饮食"（不吃加工食品，大量摄入生的、未经加工的天然农产品。——译者注），各种关于健康的文章以及媒体宣传活动层出不穷，但全球肥胖问题仍在加剧。

2018年2月，世界卫生组织表示，全球肥胖人数自1975年以来增加了近两倍，2016年有39%的成年人超重，13%的成年人肥胖。目前，世界上大多数国家，国民因超重和肥胖导致的死亡人数多于体重不足导致的死亡人数。肥胖会增加你患上许多严重疾病的潜在风险，从2型糖尿病、高血压、哮喘、骨关节炎到生育率下降和妊娠并发症，危害很多。肥胖还可能会减少3～10年的预期寿命。不过这些都是可以预防的。

世界卫生组织表示，肥胖和超重的根本原因是热量摄入和消耗之间的不平衡。我们认为这只是事实中的一部分，而不是全貌。近年来，在世界范围内，高脂肪高热量食物的摄入量在增加。此外，由于工作中久坐不动的现象越来越多，交通方式的改变以及城市化的发展，导致缺少运动的人数也在增加。因此肥胖不仅仅是因为吃得太多或是吃了不合适的食物。

基因发挥作用吗？英国剑桥大学神经科学学院的首席研究助理贾尔斯·杨认为，人的基因和体重之间有着密切的联系。他在《基因饮食》一书中写道，某些民族，例如美国亚利桑那州的皮马人和太平洋岛民，是世界上体重最重的民族之一。贾尔斯·杨解释说，他们的肥胖与他们在恶劣环境和饥荒时期生存下来的基因进化有关。目前他们的身体还没有调整到可以适应现在食物充足的状态。他认为，肥胖的人正在"与他们的生理本能做斗争"。我们无法控制自己的基因，但谢天谢地，可以控制一些生活方式，从睡眠到压力管理，这些都可以帮助我们变得更健康更有活力。

> **与肥胖相关的其他健康问题**
>
> - 呼吸困难。
> - 多汗。
> - 打鼾。
> - 做体育锻炼时感到十分吃力。
> - 关节和背部疼痛。
> - 缺乏自信和自尊。
> - 感到孤独。

为了达到理想体重，我们应该如何开始

> 这一趟旅程绝不简单……但值得去做的事情永远不会简单。
> ——佚名

在开始之前，首先需要确认你是否需要减肥，如果需要的话，需要减多少。你可能只是想让自己更有活力。那什么才是成功的减肥计划呢？

体重秤是有用的，但它可能具有欺骗性。衣服是否合身可以更好地说明你的肉长在了哪里——你的腰带紧吗？穿牛仔裤时，臀部紧吗？穿套头衫时，手臂和肩膀紧吗？

然后，站在镜子前手里再拿一面小镜子。请从360度观察你自己。有没有需要调整的地方？诚实一点，但不要苛刻或者妄下评判。身体为你努力工作，你需要尊重它。

现在，计算并记录下你的身体体重指数（BMI）和腰臀比（见37页和38页）。这有助于激励你，特别是当你发现几周后自己处于"平台期"的时候（这种情况十分常见），这些数据可以提醒你已经取得的成就。

根据《美国临床营养学杂志》2005年的一项研究，一个成功的减肥计划是至少减去10%的体重，并且可以保持该体重至少1年。

身体组成

有好几种方法可以测量全身脂肪。其中最精确的是体脂秤，一种利用"生物电阻抗分析法"来测量脂肪含量的设备。但全球医生和健身专业人士评估体重是否对健康构成威胁时，最常使用的方法是计算BMI。但BMI并不能提供身体脂肪含量的信息，所以为了更好地确认你需要减去多少体重，最好将它与你的腰臀比结合起来判断（见38页）。

我们的身体主要由两部分组成：瘦体重（LBM，也称去脂体重）和脂肪。瘦体重由心脏、肝脏、胰脏、骨骼、皮肤等组成，当然还有肌肉组织。为了生长和修复，它们都需要氧气和食物中的营养。特别是肌肉，它有很高的代谢率，能快速燃烧热量。脂肪不需要氧气，不进行自我修复，代谢率低，所以不燃烧热量。

我们都需要一些身体脂肪来保暖、隔热以及维持正常的器官功能。身体脂肪过少也会带来健康风险——闭经（即月经停止时）以及随之而来的生育能力下降，还会影响骨骼的长期健康。每个人都承受着很大的压力，尤其是那些想要保持苗条身材的年轻女孩。遗憾的是，这可能会导致厌食症和暴食症等饮食失调问题。如果你认为自己可能有进食障碍或害怕增加体重，请咨询医生。

瘦体重与脂肪的比例很重要。由于肌肉含量的变化，瘦体重也在不断变化。瘦体重过低的人往往缺乏活力，并有肌肉退化和过早衰老的风险。这是拒绝减肥餐的一个很好的理由。吃那些流行的减肥餐而不锻炼的人，会失去瘦体重，肌肉会变得松弛，能量水平也会下降。

对于肌肉含量较多的运动员来说，BMI可能会给出一个"错误"的读数。1千克肌肉组织和1千克脂肪一样重，但肌肉组织占的空间更小，这就是为什么拥有六块腹肌的人可能和挺着啤酒肚的人一样重——但是有六块腹肌的人穿牛仔裤更有型！BMI指数在怀孕期间、哺乳期间，或身体非常虚弱时也会不准确。

如何计算BMI

BMI= 体重（千克）/ 身高（米）的平方

例：60 千克 /（1.65 米 x1.65 米）≈ 22

我的BMI：

日期：

指数结果

BMI≤18.4——偏瘦
为了健康，你可能需要增加体重。如果你有顾虑或害怕发胖，请咨询医生。

BMI=18.5~23.9——正常
你需要将体重保持在这个范围内来维持健康。如果你想要更好的外形，你可能需要减肥，这需要进行运动。

BMI=24.0~27.9——过重
为了健康，你应该减肥。

BMI≥28.0——肥胖
你的健康正受到威胁，减掉体重将改善你的健康状况。

　　如果想要打造身材曲线，提高身体的活力，增强免疫系统功能，达到最佳的健康状况，就需要进行运动，并且配合健康均衡的饮食来增加瘦体重。

2　体重管理

腰臀比——你是苹果形还是梨形身材

储存脂肪可能是我们祖先的救命稻草。当食物匮乏时,身体会储存脂肪来增强免疫系统,防止感染。然而,对现在我们大多数人来说,食物并不缺乏,也很容易就能得到,这种储存脂肪的过程对健康有严重的影响。

腰部周围的脂肪与健康问题有关,尤其是会增加患2型糖尿病、心脏病、高血压和血脂异常的风险。对于女性来说,这种"中心型"肥胖,会形成典型的苹果形身材,也会增加绝经前乳腺癌的风险。脂肪囤积在臀部,形成典型的梨形身材,这似乎没有太大问题。

因此,虽然腰臀比并不能说明全部情况,但它确实能在一定程度上显示我们是否有更高的健康风险。我们可以据此采取行动,增加体育锻炼、健康饮食等。

如何测量腰臀比

使用标准卷尺来测量。

1 腰围
站直,放松腰部(不要吸肚子欺骗自己)。在腰部最瘦的位置测量(通常在肚脐附近)。

我的腰围:
日期:

---

2 臀围
继续站直,找到臀部的最高点,然后测量这一圈的尺寸。

我的臀围:
日期:

---

3 腰臀比
将腰围的数值除以臀围的数值,就能得到腰臀比。

我的腰臀比:
日期:

例:
腰围:75 厘米
臀围:92.5 厘米
腰臀比:$75 / 92.5 \approx 0.81$

指数结果:
女性理想的腰臀比小于 0.85
男人理想的腰臀比小于 0.9

你真的需要减重吗

如果你的BMI和腰臀比显示你超重了，请把结果以及你的体重和身高记录在笔记本、手机、电脑或运动手环上。

健康专家建议我们在3~6个月内减去5%~10%的体重。这该怎么理解呢？假设你的体重是80千克，那么6个月内减去8千克比较合适，且不会影响你的健康。你的目标体重就是72千克。

要想保持健康，理想的减肥速度应该是每周0.5~1千克。如果你觉得这样太慢了，请牢记三件事。

第一，你想要的是健康减肥和最佳的健康状况。小心那些承诺在几周内就能产生显著效果的减肥计划。

第二，当脂肪减少，肌肉增加，你的体重会变重，因此体重秤并不是衡量减肥效果的最佳标准。

第三，你的体形会有明显的变化。你会变瘦，看起来更加有型，身材更有曲线。

如果你的BMI显示超重，那你的目标就是把它降为"正常"（见37页）。同样地，如果你的腰臀比超过了标准（见38页），那就把它控制在推荐范围之内。

一旦达到这个目标，你就可以继续改善你的健康、塑造你的形体，但是请不要让BMI或身体脂肪（如果你做了测试）下降到正常标准以下。当你在进行本书中的塑形计划时，定期重新测试并记录你的数值，比如每两周进行一次。把进步记录下来，如果你想到了实现目标的方法，也记下来。把所有的事情写下来有助于厘清条目，突出弱项和强项。每两周回顾一下你的个人记录，看看体重、腰臀比和BMI是如何变化的。但请记住，没有什么能提供你所取得成就的全貌。也许你的牛仔裤会告诉你更多！

如果你身体不好，慢慢来。记住，不必强求自己在12周内完成本书的塑形计划。

设置合理的目标

提前做计划对练习普拉提、做有氧运动、减重和改变饮食习惯的成功至关重要。

- 当你打算开始锻炼时，请提前记录下来，并且坚持这么做。
- 如果你1周之内无法完成150分钟的普拉提练习，那就在你可以腾出的时间范围内，尽可能去练习普拉提。如果能多做练习那就算是额外的收获了。
- 即使没有达到目标也不要放弃，再小的进步也是进步。
- 给自己一个目标，比如一次假期或同学聚会。
- 当你达到目标后，盘点并计划下一个事项。

我们的塑形计划是如何工作的

为了在3个月内获得一个全新的身体,我们希望你在理想情况下,每周大约进行150分钟(2.5小时)的普拉提锻炼。你不需要秒表,不需要那么精确。

你可以选择每周锻炼的频率和时长,还可以改变每次锻炼的时长,比如,1周7次每次20分钟,下一周3次每次45分钟,只要掌握好时间就行。

本书中所有的训练都已设计得非常均衡,除了10分钟的迷你训练(已尽可能地均衡)。如果你在一天中将书中的两个10分钟迷你训练都做完,那么你也可以得到一个完整全面的训练。

如果没有达到每周150分钟的目标,也不要焦虑。这不是一个强求的等式,只要下周多做一点锻炼就可以。如果150分钟对你来说很难达到,那就尽你所能多做锻炼就好,你只是可能需要花更长的时间来达到目标。

随着塑形计划的进行,你可以将每种锻炼进行任意搭配。例如,你可以把10分钟的锻炼延长至一次30分钟,或者将两次30分钟的锻炼组合在一起,但不要做重复的练习。

如果你很在意自己身体的某个部位——也许是你的上臂、腹部、大腿或者臀部——那么就翻到本书"常见部位塑形练习"章节(见114~185页),找到针对这些部位的具体训练。老实说,这样做与普拉提的思想是相悖的,因为在每个普拉提练习中,都需要你的整个身体去参与。但这么做也没问题,"常见部位塑形练习"章节中的练习会更侧重于身体某个部位。

总结一下

为了达到每周练习普拉提150分钟左右的目标,你可以这么做。
- 10分钟 ×14次(每天做迷你训练,上午和下午)
- 30分钟 ×5次
- 45~50分钟 ×3次

在你开始之前

在开始一项新的运动计划之前,请与医生确认计划中的训练对你来说是否安全,特别是如果你有健康问题的话。例如,由于甲状腺功能减退导致体重增加的情况,如果病情没有得到控制,那么再多的运动或节食都无济于事。

这本书涵盖了所有你想要知道的关于正确进行普拉提练习的内容。

在这里,将与你分享我们从多年的教学经验中总结出的一些练习技巧。当你读完这一章节后,请从"最新基础训练与更多塑形训练"章节开始,即使你之前练习过普拉提也不例外。

即使是最有经验的普拉提老师也会定期重温这些动作,我们也会不断更新这些教学内容。根据这些基础训练将动作进行组合和编排。我们知道你想在3个月内拥

有一个全新的身体,但正确地进行基础训练可以保证获益最大化,就像在开始烹饪前要阅读食谱一样。

除了"最新基础训练"外,本章还包含"更多塑形训练"的内容,其中会展示各种增加阻力的方法。每个练习都有标注训练难度,从难度1到难度6,其中难度1是最容易的,难度6是最具挑战性的。

更多
塑形训练

特别需要注意的一点是,在你熟悉了基础训练,并且你的身体足够强壮足够灵活,可以很好地完成这些练习之后,再开始尝试"更多塑形训练"的内容。

为此,我们编排了完全由基础训练组成的锻炼(见197~199页)。当你掌握了这些之后,尝试将难度等级相近的练习进行组合来训练,如难度1~2、难度2~3,以此类推,逐步提高运动技巧,增加力量和灵活性。

工具

- 防滑软垫。
- 可折叠的毛巾或小枕头。
- 可支撑的大枕头。
- 阻力中等的长弹力带或者是有弹力的长围巾。
- 结实的椅子。
- 每次练习刚开始的时候,先不要负重。之后再选择轻重量(0.5千克以下)。等到你将新的动作掌握好了之后,再加重量。

良好的练习技巧

- 将你的运动空间准备好,使它温暖、舒适、不受干扰。
- 确保有足够的空间,你的胳膊和腿可以自由活动。
- 如果你使用音乐,播放时请尽量调低音量,以免分散注意力。
- 请穿着既可以让你自由活动,又能让你看清动作的衣服。
- 赤脚是最好的,也可以穿防滑的袜子。如果在户外运动,尽量穿柔软的薄底鞋。
- 时刻记住 ABC 原则,即中立位、呼吸和核心。
- 在练习前请确认每个练习的难度等级:1 为初级,6 为高级。
- 请根据自己的节奏进行练习,只有当你准备好时,再进行更具挑战性的练习(记住,有些起始姿势的难度更高)。
- 仔细阅读每一项练习并记下重点,可能是目标锻炼肌肉,也可能是某个动作技巧。
- 花一点时间去找到起始时你骨骼的正确排列(见 48~61 页),从而提高动作精准度。如果起始姿势不正确,接下来的动作是不会正确的。
- 在尝试每个基础练习的变形动作之前,请确保你已经能很好地完成基础动作,并确认变形动作的难度等级。
- 确保你已经理解动作要点中描述的所有动作,并对照图片进行确认。

- 使用注意事项中的要点来改进你的动作技巧,避免常见的错误。你会发现,在镜子中检查身体是否处于最佳位置是很方便的。
- 动作的质量比重复的次数更重要。我们给出了塑造肌肉时每个动作要做的组数和每组次数。但如果你感到肌肉力竭动作走形时,请停下来休息。
- 每次练习时,换一条不同的腿、手臂或另一侧来开始练习。因为人们总会偏好从一侧开始,所以需要变化一下来平衡。
- 开始和结束单腿或单手练习后,在另一侧也重复动作,以保持均衡。
- 在每次重复动作之后以及在动作体式序列的最后,请有控制地回到起始姿势——这和练习本身一样重要。
- 在练习的前后请做一些深长的腹式呼吸。
- 当你的练习或动作体式序列中包含两个动作时,请将每个动作分开练习多次,以保证每个动作的质量。
- 不要试图加快练习的速度。这虽然可以提高练习有氧运动的效果,但却不能增加肌肉的力量。
- 放慢节奏去练习是对自我的一种挑战。对于普拉提来说,重要的是细节。

手腕正确姿势

手腕错误姿势

手腕正确姿势

手腕错误姿势

使用安全的重量

- 手腕保持正确姿势（见上方图片）。
- 先徒手练习，然后逐步增加重量。
- 如果增加重量会使动作变形，请不要加重。对于有些练习，我们建议使用最轻的重量。

什么时候不能锻炼

- 你感觉不舒服的时候。
- 暴饮暴食或饮酒后。
- 因受伤而感到疼痛时（请咨询相关医生，他们可能建议你休息）。
- 服用强力止痛药时（这会掩盖身体的警告信号）。
- 正在接受治疗或服用药物时（在开始训练计划前，请咨询医生）。

3 更多塑形训练

最新基础训练与

中立位

> 普拉提，旨在设计一个能够给你柔软的身体、优美的体态的训练方法。
> 它的效果将毫无疑问地反映在你的行走方式、运动方式和工作方式上。
>
> ——约瑟夫·普拉提

不良的体态是非常有损形象的

毋庸置疑，这是本书中最重要的部分——跳过它你就有危险了！这些新的基础训练不仅能确保你正确地练习，而且能让你在练习中获得最大的好处。不要以为"ABC原则"（中立位、呼吸和核心）仅仅是初学者才需要的。它们必须融入你的每一个动作中去。

但首先让我们把它们放到实际中去。"ABC原则"来源于"身体控制普拉提"的八大原则，它们支撑着我们的整个教学体系。

1. 专注
2. 放松
3. 中立位
4. 呼吸
5. 核心
6. 协调性
7. 流畅性
8. 耐力

本章我们将重点关注如何在各种体式中找到身体的中立位，如何在练习中更有效地进行呼吸，以及如何在运动时保持核心稳定。

什么是身体的中立位？就是骨骼与肌肉处于最佳的排列位置，身体中立位是良好练习的基础。你如何开始和结束练习，以及你在练习时如何控制身体保持中立位，将对练习的效果产生很大的影响。

保持身体中立位将会影响你的外表，还会为你带来约瑟夫·普拉提所说的"体态轻盈"。

试试这个实验。站在镜子前，懒散地站着（就像第46页的那张照片一样）。

你看到了什么？

- 你的肚子挺出来了。
- 当肋骨朝臀部的方向下沉时，你的腰线没了。
- 你看起来变矮了。

现在试着站直，做同样的实验。想象你的头顶向上延伸来拉长脊柱。打开你的肩膀，让手臂自然地放在身体的两侧。保持一会儿，然后轻柔地将小腹收回并贴向脊柱。保持呼吸，观察变化。

- 你看起来立马变高了。
- 胸部挺起来了。
- 腰部曲线又出现了。
- 腹部变得平坦了。
- 自我感觉好多了。

问题是，对我们大多数人来说，保持挺拔站姿是很累的，需要用到深层肌肉的巨大内在力量。深层的"核心"肌肉是反重力肌肉。当这些肌肉很弱的时候，我们是很难一整天保持良好体态的。

> 普拉提能让你由内而外地获得这种核心力量，以及每天不用刻意努力就能时刻保持挺拔站姿的能力。几十年来，这种自然的优雅和轻盈吸引着众多舞台演员和舞蹈者练习普拉提。但是，良好的体态不仅仅是身体处于中立位或是拥有强壮的核心肌肉。对于良好的体态，你需要去感受它、理解它、体会它。这部分将帮助你不仅在练习中保持良好的体态，更能将它融入生活中。

起始姿势（难度1）

　　这是本书中所有练习的起始和结束姿势。如果起始姿势不正确，接下来的动作是不会正确的。书中有坐姿、跪姿、俯卧位、侧卧位和站姿的动作，还有很多头部、手臂和腿部的动作，这些都可以改变动作难度。最容易找到身体中立位的动作是这个仰卧屈髋屈膝位，因为地面会给你反馈，帮你感受什么是正确的。

仰卧屈髋屈膝位（难度1）

　　这个练习本身可以作为许多仰卧练习的起始和结束姿势。当作为一种训练来练习时，使用仰卧屈髋屈膝位动作可以释放压力，提高身体对良好体态、呼吸和稳定的意识。在开始练习前，可以用这个仰卧屈髋屈膝位动作来检查你是否做到了ABC原则。如果你用这个动作来休息，那么可以使用小工具增加舒适度（在开始练习前取走）。

起始姿势

　　仰卧在垫子上，膝盖弯曲，双脚平行分开与髋同宽。将脚跟朝向每侧臀部的中心，就能找到与髋同宽的距离。

　　如果需要，你可以在头下面放一条折叠的小毛巾或一个可支撑的枕头。颈部延伸保持自然的"颈曲"，既不要前引，也不要后仰。有些人不需要枕头，而有些人可能需要两个。

起始姿势

动作步骤

如果你保持在仰卧屈髋屈膝位,可以将手放在小腹上,从而打开肩膀。

如果将仰卧屈髋屈膝位动作作为另一项练习的起始姿势,就将手臂自然地放在身体两侧,掌心向下。

结束练习时,将身体倒向一边侧卧,休息一会儿再坐起来。

仰卧屈髋屈膝位中的横向呼吸

> **注意事项** 👁
>
> → 让整个脊柱在垫子上保持延展和延长,且有被垫子支撑的感觉。
> → 将身体重量集中在三个区域:胸腔、骨盆和头部。
> → 让大腿向臀部下沉,小腿向脚踝下沉,双脚踩实地面。
> → 注意胸腔的起伏,放松胸骨。
> → 让颈部延长,下巴放松。

检查身体中立位和核心部位收紧

3　最新基础训练与更多塑形训练

骨盆指南针（难度1）

这个练习的目的是帮助你感知骨盆和下部脊柱的中立位，同时是一种激活和放松腰背部的好方法。

起始姿势

仰卧屈髋屈膝位（见48页），双臂置于身体两侧向远处延伸。想象有一个指南针在你的小腹上（骨盆指南针动作）：北是肚脐，南是耻骨，东和西分别是骨盆两侧突出的骨头（髂前上棘——译者注）。

动作步骤

1. 吸气准备。
2. 呼气时，轻轻将骨盆向北面（肚脐方向）倾斜（耻骨向前向上）。当骨盆后倾时，下部脊柱贴向垫面放松。
3. 吸气时，将骨盆回正后，再继续向南面（耻骨方向）倾斜（耻骨向后向下），倾斜过程中不要停顿，你的腰背部会微微拱起。

重复这个向北、向南倾斜的动作5次。

注意事项

→ 适当收紧核心部位来控制身体的中立位和动作幅度（见64~65页）。
→ 倾斜动作和最后一个中立位的动作应该使你感到舒适。
→ 在中立位时，骨盆（骶骨部分）要压实垫面。
→ 检查并确保腰部两侧等长地伸展。
→ 确保骨盆两侧均匀地承重。
→ 保持髋关节可以自由活动。
→ 一旦找到骨盆中立位的位置，就记住身体其他部位的感受。阅读所有仰卧屈髋屈膝位动作的注意事项（见49页）。

中立位

4. 现在回到起始姿势，找到骨盆中立位，也就是摆正骨盆，它既不指北，也不指南，而是在两者中间。
5. 呼气，同时将骨盆向一侧卷动——向西。当骨盆旋转时，能感觉到另一侧的骨盆轻微上升。试着直接卷动到一侧，不要去收紧侧腰（拉起髋部）。
6. 吸气时，将骨盆回正后再继续向东面倾斜，倾斜过程中不要停顿。当骨盆旋转时，能感觉到另一侧的骨盆轻微上升。
7. 将骨盆回正（不偏向东西，也不指向南北，而是介于两者之间）。你的骨盆是放平的，这就是你的中立位。
8. 结束练习时，将身体倒向一边侧卧，休息一会儿再坐起来。

快速检查中立位

将双手放在小腹上，你的双手形成一个三角形，双手掌根分别放在骨盆两侧突出的骨头上，其余手指并拢贴在耻骨上。当骨盆处于中立位时，你的手与地面平行，腰部两侧等长地伸展。

起始和结束姿势

注意事项

- → 动作应保持自然、舒适。
- → 全程保持颈部延长。
- → 当收下巴时,你的后脑勺在垫子上滑动(不要将颈部后侧压在垫子上)。
- → 试着保持上背部和腰背部的自然生理曲线。

收下巴和颈部转动(难度1)

就像骨盆指南针动作一样,这个练习将帮助你感知头部和颈部的中立位。将头部转向不同的方向,然后停在中立位休息。这也是一种非常有效的放松颈部的方法,很适合用来做热身动作。当做腹部练习,例如卷腹动作(见92页)时,我们经常会用到收下巴这个动作。

起始姿势

仰卧屈髋屈膝位(见48页),双臂置于身体两侧,轻放普拉提垫上,并向远处延伸。

动作步骤:收下巴

1. 吸气准备。
2. 呼气时,颈部后侧延伸,向前点头,收下巴。保持头部不离开垫面。
3. 吸气时,向后微微抬头至中立位,再继续仰头,延长颈部,过程中不要停顿。当下巴抬起时,始终保持头部在垫面上。动作幅度很小。
4. 重复5次,找到头部的中立位,它既没有前倾,也没有后仰。现在你的颈部应该在中立位上,你的脸部和眼睛正对着天花板。

收下巴动作步骤2

收下巴动作步骤3

颈部转动　起始姿势　　　　　　　　　　　　　　　　　　颈部转动　动作步骤 1

动作步骤：颈部转动

1. 呼气时，将头部转向一侧。同样地，保持你的头部贴于垫面。
2. 吸气时，将头部回正。
3. 呼气时，将头部转向另一侧，重复这个颈部转动动作5次，然后将头部回正，保持颈部两侧等长地伸展。

坐姿青蛙（难度1）

端正地坐在普拉提垫上，也可以坐在卷起来的毛巾或者靠垫上，这能帮助你找到脊柱中立位，还能让你感觉更舒服。弯曲你的膝盖，髋关节外旋打开双腿，脚心相对。让你的双脚与身体保持一段距离，从而给髋关节创造活动空间。将手放在胫骨上，肘关节微屈。

> **注意事项**
>
> → 将身体的重心均匀地放在坐骨的正中。
> → 保持脊柱延长，维持自然的生理曲度。
> → 使你的胸腔在骨盆的正上方，既不向后倒，也不向前倾。
> → 可以尝试把指尖放在胸骨上，接着通过提起胸骨区域来保持正确的姿势。然后放松你的手臂和双手，但保持这个"抬起"状态。

起始和结束姿势 动作步骤2

动作步骤3

注意事项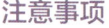

→ 适当收紧核心部位来控制你身体的中立位和动作幅度（见64~65页）。
→ 和骨盆指南针动作（见50页）一样，这个动作的幅度是很小的。
→ 充分延长你的手臂，但不要锁死肘关节（肘关节不能超伸——译者注）。
→ 让你的胸腔和肩部前侧打开，颈部不要有压力。

四肢跪地（难度1）

你不能只是停留在这个位置上，要激活你的身体。

起始姿势

双手撑地跪在普拉提垫上。双手在肩膀正下方，膝盖在髋部正下方。

动作步骤：寻找骨盆和脊柱的中立位

1. 吸气准备。
2. 呼气时，骨盆后倾（即骨盆指南针动作中，指向北面，你的耻骨向前），你的腰背部会微微拱起。
3. 吸气时，骨盆前倾（即骨盆指南针动作中，指向南面，你的耻骨向后），你的腰背部会微微下凹（伸展）。
4. 重复3次，找到上述两个方向之间的中间位置，就是你骨盆的中立位。身体在这个姿势中保持延长和水平，腰椎既没有弯曲也没有拱起，维持着自然的生理曲度。

收缩肩胛骨

伸展肩胛骨

动作步骤：寻找肩部的中立位

1. 吸气时，保持肘关节伸直，轻轻地将肩胛骨向脊柱靠拢（收缩肩胛骨）。你的上部脊柱会微微向垫面沉下去。
2. 呼气时，让你的肩胛骨在胸腔上滑行打开得更宽（伸展肩胛骨）。你的上部脊柱会微微拱起。
3. 重复3次。找到上述两个方向之间的中间位置。允许上部脊柱和颈部保持自然的生理曲度。

重复3次，就是你骨盆的中立位。身体在这个姿势中保持延长和水平，腰椎既没有下沉也没有拱起，维持着自然的生理曲度。从头顶到尾骨延长整个脊柱。

更多塑形训练

三点跪地（难度4）

在四肢跪地动作中抬起一侧手臂来增加挑战。

三点跪地动作中，你可以将抬起的手放在你的背后，或者将手环抱住肋骨。你需要更加努力将肩膀打开，保持骨盆稳定以及在中立位上。当你的脊柱在活动时，动作的难度就在于要将脊柱保持在中线上活动。

高位跪立（难度1）

你可能更喜欢在较厚的垫子上练习来保护你的膝盖，但是垫子不要太厚，否则你会不稳定。你可以用一个大约与臀部同宽的小垫子垫在膝盖下方来增加厚度。

双膝跪在普拉提垫上，上身直立，膝盖分开与髋同宽。如果有需要可以在大腿中间夹一个靠垫。

请检查你的小腿是否保持平行，并且与髋同宽，你身体的重量不仅通过膝盖向下传递，还需要均匀地通过两根胫骨。

高位跪姿弓箭步（难度4）

先来到高位跪立动作的姿势（不使用靠垫），然后将一条腿向前踩在你身体的前方，与臀部成一条线。确保膝盖在脚踝正上方，膝盖成90度。如果这个姿势你会不舒服，请改做高位跪立动作。

注意事项 👁

→ 适当收紧核心部位来控制你身体的中立位和动作幅度（见64~65页）。
→ 延长你的脊柱。
→ 你的胸腔在骨盆的正上方。
→ 感觉上背部舒展，锁骨打开。
→ 和之前一样（见53页注意事项），可以尝试把指尖放在胸骨上，接着通过抬起这个部位来保持好的姿势。然后放松你的手臂和双手，但保持这个"抬起"状态。
→ 眼睛注视前方。

注意事项 👁

→ 注意不要向前挤压你的臀部。保持你的头部位于胸腔正上方，胸腔位于骨盆正上方，它们互相环环相扣。
→ 在练习中，再次确认你膝盖和脚踝的位置，因为经常会保持不了90度。
→ 保持你的头部、胸腔和骨盆垂直排列。
→ 确保你髋骨的位置水平，避免一前一后。

侧卧座椅式（难度1）

本书的塑形计划中，这个侧卧座椅式有多个不同的变形动作，它们的难度等级也不同。这是最简单的一个。更难的动作会减少你身体的支撑，例如将双腿与身体成一条直线。

请侧卧。在身体前侧弯曲双膝，臀部和膝盖弯曲成直角。臀部对臀部，膝盖对膝盖，肩膀对肩膀。检查你是否躺直了，将身体与垫子的后缘对齐。

将下方的手臂伸直枕在头部下面，手臂与脊柱成一条直线。可以在头和手臂之间夹一个靠垫或折叠的毛巾来维持头部中立位。

弯曲你的上臂，轻轻地将手放在身体前面，做轻微的支撑。

注意事项

→ 请保持脊柱自然的生理曲度。
→ 腰部两侧等长地伸展，这一点很有必要，因为在侧卧姿势中，下部脊柱很容易倒向垫面。
→ 在侧卧练习中，例如仰卧手臂开合动作（见100页），当手臂放在身体前侧时，请使用足够多的靠垫来保证头部和颈部与脊柱在一条直线上，使它们处于中立位。

注意事项

- → 适当收紧核心部位来控制你身体的中立位和动作幅度（见64~65页）。
- → 延长你的腰背部。如果有任何不舒服，在腹部下面垫一个折叠的毛巾来支持你的脊柱。
- → 想象你的胸腔下部与骨盆顶部相连接。
- → 允许你的胸腔打开，锁骨伸展。
- → 保持颈部延长；不要缩进或者抬起下巴。
- → 如果你担心腿部会抽筋，可以在胫骨下方放一个枕头。

俯卧起始姿势（难度1）

这里我们介绍众多俯卧起始姿势中的一个。

俯卧，手臂呈菱形。

手指碰触，掌心向下，打开手肘。将前额放在手背上。如果将双手分开，肩膀可以打得更开，这样你会更舒服（你可能需要在前额下放一个折叠毛巾）。双腿打开与髋同宽，保持平行。

平行站姿（难度1）

每天站立时身体需要调动许多深层肌肉，这些肌肉可以支撑你对抗地心引力。练习可以增强耐力——与其说站立是一种"姿势"，不如说它是一种"动态训练"，你需要激活你的身体，将身体80%的体重均匀地分布在足弓上。我们会提供18个动作要点来帮助你实现这个状态。

起始姿势

站在地板上（不是垫子），双脚分开与髋同宽，保持自然的站立姿势，双脚既不外旋，也不是平行。手臂在身体两侧。

动作步骤

1. 从你的踝关节开始，身体微微前倾，这样你的重心就会转移到脚掌上，保持脚后跟在地面上。
2. 从你的踝关节开始，身体微微后仰，这样你的重心就会转移到脚后跟上，脚趾舒展不紧绷。
3. 把你的重心放在每只脚的中心，在足弓之上，脚底的三个点——大脚趾的底部、小脚趾的底部和脚后跟的中心形成一个三角形，感受这个三角形与地面的连接。脚趾应该是灵活的。

4. 双腿伸直但膝盖放松。
5. 使骨盆微微前倾（即骨盆指南针动作中，指向南面，你的耻骨向后，你的腰背部会微微拱起）。
6. 将骨盆摆正回到中立位，然后使骨盆微微后倾（即骨盆指南针动作中，指向北面，你的耻骨向前，你的腰背部会微微弯曲）。
7. 将骨盆摆正到中间位置，骨盆的中立位，也就是耻骨和骨盆两侧突出的骨头在一个平面上，它们相互保持水平。
8. 腰部两侧等长地伸展。
9. 通过轻柔地启动你的盆底肌和深层腹肌来找到你的核心。
10. 保持胸腔放松，且位于骨盆正上方，既不向后倒，也不向前倾。
11. 微微抬起你的胸骨。
12. 感觉肩胛骨在上背部伸展，锁骨在胸前打开，放松。
13. 让你的手臂自由地挂在肩窝里。腋窝下有空间，感受手的延长和重量。
14. 颈部放松，让你的头部保持在脊柱的正上方，想象你的头顶一直延伸到天花板。
15. 放松下巴肌肉，眼睛注视前方。
16. 身体伸展时，双脚始终踩实地面。
17. 自然地呼吸到胸腔。
18. 感觉身体渐渐地长高。

起始姿势

普拉提站姿（难度1）

这个站立姿势可以很好地帮助你建立与身体内核心（是由膈肌、腹横肌、多裂肌、髂腰肌和盆底肌一起组成）的"连接"。它还能精准地帮助你锻炼到臀部深层肌肉和大腿内侧肌肉。

开始时，将你的双腿以髋关节为支点向外微微打开，保持两大腿内侧接触。如果大腿内侧无法接触，不要勉强。

脚后跟并拢，脚趾微微分开，双脚形成一个"V"字。

双臂放在身体两侧放松。

请按照平行站姿的动作要点（见58页），但保持整个大腿内侧接触，感觉有一股向上的力量将它们拉向耻骨。

普拉提站姿

更多塑形训练

请记住这些"更多塑形训练"会更具挑战。你需要掌握好"呼吸"和"核心"之后再去尝试这些练习。

提踵平行站姿和提踵普拉提站姿（难度2）

为了挑战你的平衡，锻炼你的双脚和腓肠肌群，在练习时请抬起你的脚后跟，用前脚掌支撑。确保你所有的脚趾都踩实地面，脚踝和膝盖既不往内扣，也不向外翻。然后放低脚后跟，保持站直。

静态站姿弓箭步（难度4）

这是普拉提中相对比较新的动作。约瑟夫·普拉提借鉴了很多其他的方法和技巧，包括瑜伽、武术和芭蕾。弓箭步通常是动态的，但在本书塑形计划的一些练习中，我们把弓箭步作为一个静态的起始姿势。在弓箭步动作中，你可以向前迈一步，也可以向后一步。对大多数人来说，向后一步更简单一些。保持这个弓箭步动作很困难，它的难度等级是4（当你练习时，记住要运用ABC原则）。如果你有膝盖问题，请不要做这个练习。

起始姿势

起始姿势

站直，双脚分开与髋同宽，保持平行。

动作步骤

1. 右脚向后一步，弯曲右膝，右膝和臀部成90度。右脚跟抬起。同时弯曲左膝，使大腿尽可能与地面平行。身体保持直立，这非常挑战你的平衡性和稳定性。
2. 回到起始姿势，然后重复，将左脚向后迈一步。

一旦你掌握了这个弓箭步动作，你可以尝试改为向前迈一步来做这个弓箭步动作。

注意事项

→ 适当收紧核心部位来控制你身体的中立位和动作幅度（见64~65页）。
→ 在保持身体中立位的前提下，迈出的步子可以尽量大一点。
→ 保持身体中立位，头部位于胸腔的正上方，胸腔位于骨盆正上方，它们互相环环相扣。
→ 保持前脚的膝盖位于脚踝正上方，并且膝盖指向第二趾。

呼吸

> "最重要的是，学习如何正确呼吸。"
> ——约瑟夫·普拉提《以普拉提重返生活》

呼吸是一个自动的程序，我们很少去有意识地思考它。大多数人的呼吸都太浅，而且速度太快，超过了实际需求，这会限制氧气的供应，降低身体排出二氧化碳的能力。如果你主要使用胸腔的上半部分来呼吸，那你只用了你肺活量中的很小一部分。如果你的呼吸很快，你就会在肺部排空所有污浊的空气之前，又开始一次新的呼吸。这会减少你的氧气供应量，降低你的能量。高效的呼吸可以带来许多健康和美丽的益处，还会形成好的姿态。书中大多数的练习采用横向胸腔呼吸（围巾呼吸），这是一个很神奇的呼吸模式，帮助你调动上部脊柱。

在开始练习呼吸之前，我们需要说一下身体的中立位。高效的呼吸建立在良好的姿势之上，弯腰驼背的姿势会挤压你的肋骨和胸腔，还会限制你的主要呼吸肌、横膈膜。在普拉提练习中，我们专注于一种深长的、有节奏的呼吸方式，促使横膈膜上下运动，这使得胸腔可以充分伸展。充分吸气，然后深长地呼气，可以增加你吸入新鲜空气的能力。

你感受不到横膈膜，但你可以想象它是一个圆拱形的肌肉，将胸腔和腹腔水平分割。这也有助于让你想象到在胸腔内的肺。为了帮助你专注于这个区域，请尝试下面的练习。

围巾呼吸（难度1）
（横向胸廓呼吸）

围巾可以给你一种感觉反馈，帮助你感受每次呼吸中，胸腔的扩张和闭合。

最终你能够在所有起始姿势（见48～60页）中练习围巾呼吸动作（除了俯卧起始姿势），但一开始我们先尝试在坐姿和站姿时练习这个呼吸。你需要一条围巾或者阻力较小的弹力带。

起始姿势

坐直或站直，将围巾或弹力带在肋骨下方绕一圈，并在胸前交叉。双手分别拿住弹力带的另一端，微微拉紧它。

动作步骤：吸气

鼻子吸气，肩膀放松，关注你胸腔的后侧和两侧，那里是你的肺部。感受你的肺部在扩张，就像气球随着空气逐渐膨胀，使胸腔壁变宽。当肋骨张开时，感受到围巾被拉紧。不要试图强行吸气——这会引起紧张。

仰卧屈髋屈膝位中的横向呼吸和百次呼吸

注意你的腹部区域在向外扩张。空气充满了腹部，使横膈膜下降至你的腹部区域。

动作步骤：呼气

当你呼气时，感受空气好像从肺的底部被充分地推出去。当你的横膈膜开始上升时，你的肺部被排空，于是感受到你的胸腔开始关闭。

练习顺序

在普拉提练习中，我们用这个呼吸模式来提升动作。然而，大多数人发现一开始很难掌握这个动作的时间节奏，特别是你已经习惯了其他的运动方式时。当你刚开始练习这个动作时，请专注于动作的控制。当你掌握了这些之后，再去关注呼吸的控制。最重要的是，不要屏气，或者任何形式的强行呼吸。

休息姿势中的横向呼吸和百次呼吸

> **呼吸要点**
>
> → 以自然、轻松的节奏为目标，不要过度呼吸。如果感到头晕就停下来。
> → 你可以根据自己的需要，进行一次额外的呼吸，或者改变时间节奏。
> → 在练习时不要屏气。

百次呼吸（难度1）

这是一个很好的改善呼吸、增加肺活量的练习。完整的动作指令请看第124页。你需要花点时间来掌握百次呼吸这个呼吸模式：吸气时数5下，呼气时数5下，所以要循序渐进练习，可能一开始吸气时数3下或4下，呼气时数3下或4下。

与其说这是一个呼吸动作，不如说是一个呼吸放松练习，让你的呼气时间比吸气时间略微长一点，例如吸气时数3下，呼气时数5下。

腹式深呼吸放松

在帮助放松腹部和盆底肌时，比起普拉提传统的横向胸廓呼吸，我们还可以练习腹式深呼吸动作。这种呼吸在瑜伽中频繁使用，它需要深度的呼吸，充分扩张以及排空你的腹部。当你这么做时，你的横膈膜下降，盆底肌也有相应的反馈。当你练习普拉提时，会一直使用你的核心来保持稳定（见64页）。为了保持平衡，在普拉提练习的前后，做几次腹式深呼吸是一个好主意，这可以保证你在过程中没有因为紧张而"僵住"。

你可以在不同的动作中练习腹式深呼吸。我最喜欢在仰卧屈髋屈膝位、坐姿青蛙、休息姿势这三个动作中使用腹式深呼吸。

核心

这里为你准备了一个普拉提公式：A+B=C。即如果你的身体处于中立位，能掌握好呼吸，那多数情况下你的核心是收紧的、稳定的。通过控制什么该动，什么不该动，通过保持这些（动和不动）部位的中立位，再加上高效的呼吸，你就接近核心收紧、核心稳定了。

这里的"核心"是什么意思呢？它是一个流行语，是一个被广泛讨论的概念，与"稳定训练"有关。一般来说，如果一个物体能够应付加载在它身上的压力，我们就说它是稳定的。例如，一个稳定的椅子是一种制造出来可以承载一个人坐在上面的重量的东西，即使被敲击也能保持直立。稳定性也可运用于移动的物体，例如，一辆自行车可以稳定，也可以不稳定。

现在回到我们的练习，关于稳定性最好的理解是将其看作是一种保持和控制动作的能力。这意味着在以高效率做出想要的动作的同时，避免不需要的动作。例如，在仰卧单膝行军踏步动作中（见69页），当腿在移动时，骨盆必须保持静止。而在脊柱卷曲动作中（见90页），稳定性的难度是保持骨盆或脊柱不向两侧倾斜，髋部没有拉起的状态下，脊柱在身体中线上，逐节地，椎骨一节一节运动。普拉提中的每一个练习都是一个稳定性的挑战！

核心，或者说核心稳定性，指的就是对身体各部位的控制。稳定性提供了一个强壮的、稳定的支撑基础，这是所有普拉提动作的开始。要做到这一点，我们必须锻炼核心肌肉。具体是哪块肌肉取决于你在做什么运动。

市场上有很多普拉提学校。每一所学校都有一套教授如何激活核心肌肉的方法。它们包括诸如"从肚脐向脊柱""使用动力源""稳定""拉链和中空"……这个清单还会补充下去。这些词其实并不重要，重要的是它们传达了一种与内在控制力相联系的感觉。本书的这一章节中，我们将关注如何找到这种联系，以及如何利用它来控制你的动作。

尽管大部分的稳定过程发生在潜意识里，但通过有意识的控制，我们也是可以训练和控制整个身体的稳定的。通过练习普拉提，我们希望你的身体在潜意识中能够自动地使用它的深层核心肌肉，去处理身体上的任何要求。普拉提基于这样一个原则：通过在训练中去练习动作的控制，并重复正确的动作，你就能把这些动作形成模式，嵌入到你的大脑和身体中，在你日常活动中，提高所有动作的质量。你的稳定性训练可以帮助你形成一种内在的"力量腰带"——一种自然的内置紧身衣，包裹住你的躯干，支持着你的脊椎。

调光开关

为了提醒你收紧核心部位，会在练习中看到如下的内容。

> → 适当收紧核心部位来控制你身体的中立位和动作幅度。

我们所说的适当是什么意思？在课堂上，老师会指导你保持稳定。而跟着书本进行练习的话，你需要自己去弄清楚。为此，我们开发了调光开关方法。

仰卧单膝行军踏步

普拉提最常见的错误之一就是过度使用核心肌肉。如果你一开始就太用力地使用这些深层肌肉，你可能最终会"固定"，变得僵硬或紧绷，失去自然的动作。正确做法是，只有当你需要去控制动作时，才需去激活你的深层核心。如此，不多也不少。

我们称这为调光开关方法——就像转动调光开关上的旋钮一样，调节你使用核心肌肉的强度。然后，你不断地调整强度，来满足身体的需求。

仰卧单膝行军踏步和仰卧双膝行军踏步（见69页和70页）是一个很好的例子，它们很好地说明了，根据练习的难度来调节锻炼核心的强度。在仰卧单膝行军踏步动作中，你只需要轻微地激活深层肌肉，而在仰卧双膝行军踏步的动作中，你必须"打开"调光开关，并在抬起第二条腿时更有力地激活你的核心肌肉。

通过练习本书中第66～67页的训练后，一旦你掌握了控制核心的方法，就可以将你所学到的，运用到本书的其他练习中去。你最终会变得十分熟练，不再需要主动激活你的核心——通过控制你身体的中立位，它就会自动参与进来。

仰卧双膝行军踏步

3　最新基础训练与更多塑形训练　65

寻找你的核心

呼吸拉链（难度1）

这个练习的重点在于感受你的深层核心肌肉以及如何去激活它们。当你练习的时候，记得使用调光开关（见64页），注意什么时候更多的使用这些肌肉，什么时候减少使用。我们都是独立的个体，尽管各不相同，但大家的目标是一致的：控制你身体的中立位和动作。

起始姿势

端坐在椅子上或普拉提垫上。双脚踩地，与髋同宽。确保你的体重均匀地分布在两根坐骨上，脊椎在中立位，保持延伸。

在你激活核心肌肉之前，做几次深长的腹式呼吸，下沉到腹部，让腹部完全扩张。这有助于你在尝试激活核心之前，从一个"释放"的点开始。

动作步骤

1. 吸气准备，保持你的脊柱延长。
2. 当你轻轻地挤压你的直肠（肛门）时呼气，就像试图阻止自己排气一样。然后把这种感觉带到前面，来到你的耻骨，就像试图阻止自己排尿一样。继续轻轻地在身体内提盆底肌向上。你会感受到腹部开始自动地在抽空。想象你正在将一个内部拉链从后到前，以及向上地拉起。
3. 保持核心收紧，正常呼吸5次；你的肋骨应可以自由活动。然后完全放松。

> ### 注意事项 👁
>
> → 向上或向前"拉链"时不要太用力。重要的是不要身体紧绷或强行做这个动作。
> → 保持臀部肌肉放松，骨盆不动。
> → 保持脊柱伸展，肩膀、脸部和下巴放松，然后完全放松。
> → 保持呼吸平稳，节奏均匀。如果你的胸腔和腹部随着吸气而扩张，这表明你没有过度激活身体，是一个好迹象。
> → 如果你失去了对核心的控制，放松，然后重新开始。

四足跪地

> **注意事项**
>
> → 当你激活核心时，请不要动你的脊柱和骨盆。请在激活核心后做。
> → 请检查你是否仍能轻松呼吸，胸腔是否在活动。

收紧核心肌肉：四肢跪地（难度1）

因为每个个体都存在差异，有些方法对于这个人有用，有些方法则不然，所以我们要尝试将你的核心肌肉从各种不同的动作中孤立出来，然后找到最适合你的训练方法。

起始姿势

四肢跪地（见54页）。

动作步骤

1. 吸气准备。
2. 当你轻轻地挤压你的直肠（肛门）时呼气，就像试图阻止自己排气一样。然后把这种感觉带到前面，来到你的耻骨。然后在身体内将这些肌肉向上提。你会感受到你的腹部开始自动地在抽空。
3. 保持核心收紧，正常呼吸5次，然后放松，确保你的腹部和肋骨可以随着你的呼吸自由活动。

> **找到你的盆底肌**
>
> 如果你觉得这个练习很难，不要担心——随着你练习量的增加，它会变成自动的。
> 下面这些技巧会有所帮助。
> - 上提盆底肌时，吮吸你的拇指。
> - 或者，伸出你的舌头。
> - 或者，将你的舌头贴于上腭。
> - 把你的坐骨拉到一起（这是以你骨盆肌的最深层为目标）。
> - 想象一下排尿时将流速降低变慢。
> - 对男人来说，想象一下缩短你的阴茎（别担心，这不是永久性的）！

3 最新基础训练与更多塑形训练

挑战你的核心：核心稳定

现在是来检验你掌握ABC原则的时候了。在接下来的练习中，你将学习如何在保持骨盆和脊柱不动的情况下，移动你的四肢。这组练习——单腿滑行、单膝开合、仰卧行军踏步、仰卧单膝屈伸将帮助你专注于维持骨盆和脊柱之间的稳定关系，同时提升腿在髋关节的独立运动能力。你可以改变每节课练习的内容，但起始姿势都是一样的。在稍后的训练计划中，我们将重复做这些练习，进一步挑战自己。

单腿滑行（难度1）

一开始，你可以将手放在骨盆上，检查是否有不必要的动作。每次锻炼时交替换另一条腿。

> **注意事项**
>
> → 适当收紧核心来控制你身体的中立位和动作幅度。
> → 保持你的骨盆和脊柱不动并且全程收紧核心。你的腿部动作是与身体其他部分分割开的，孤立的动作。
> → 当滑出和收回你的腿时，请保持腰部两侧等长地伸展。
> → 你的脚始终接触地面不离开，并且与髋部成一条直线。
> → 让你的胸腔和肩部打开，颈部不要有压力。

起始姿势

单腿滑行

起始姿势

仰卧屈髋屈膝位（见48页），双臂置于身体两侧，轻放普拉提垫上，并向远处延伸。

动作步骤

1. 吸气准备。
2. 呼气时，一条腿沿着地面滑出去，与髋部成一条直线。保持你的骨盆和脊柱稳定并且在中立位上。
3. 吸气时，将你的腿收回，与髋部成一条直线，回到起始姿势。
4. 每条腿重复5次。

单膝开合

仰卧单膝行军踏步

单膝开合（难度1）

起始姿势

仰卧屈髋屈膝位（见48页），双臂置于身体两侧，轻放普拉提垫上，并向远处延伸。

动作步骤

1. 吸气准备。
2. 呼气时，让一侧膝盖慢慢打开。随着膝盖的打开，逐步过渡到脚底外侧接触地面，始终保持脚在垫面上。尽可能地打开膝盖，注意你的骨盆，不要影响到另外一条腿。
3. 吸气时，将膝盖拉回到起始姿势。
4. 每条腿重复5次。

> **注意事项**
>
> → 请遵循单腿滑行动作中的所有注意事项（见68页）。
> → 特别注意不要让你的骨盆向两边晃动。
> → 在另一条腿打开时，保持支撑腿不动并且在中立位上。

仰卧单膝行军踏步（难度1）

起始姿势

仰卧屈髋屈膝位（见48页），双臂置于身体两侧，轻放普拉提垫上，并向远处延伸。

动作步骤

1. 吸气准备。
2. 呼气时，抬起你的右腿离开垫面，屈膝拉向身体。骨盆紧贴垫面。
3. 吸气，保持核心收紧。
4. 呼气时，缓慢放下你的腿，落于垫面。
5. 每条腿重复5次。

> **注意事项**
>
> → 请遵循单腿滑行动作中的所有注意事项（见68页）。
> → 不要让腹部拱起，不要让骨盆移动。当你开始抬腿时，要特别小心。
> → 在不抬起骨盆，不失去身体中立位的情况下，尽量屈膝拉向身体。
> → 屈膝与髋关节在一条直线上。

3　最新基础训练与更多塑形训练

仰卧双膝行军踏步

仰卧双膝行军踏步（难度3）

我们在这里加入这个动作，因为在本书中它是许多腹部训练的组成部分。然而，要很好地完成这个动作并不简单——不要轻易尝试去做，除非你已经可以自如地完成本章节之前所有的练习动作。当你可以很好地控制身体轻松完成这个动作后，可以尝试在一次呼气中完成"依次抬起双腿动作"，以及"依次下落双腿动作"。

起始姿势

仰卧屈髋屈膝位（见48页），双臂置于身体两侧，轻放普拉提垫上，并向远处延伸。

动作步骤

1. 吸气准备。
2. 呼气时，屈右膝。保持骨盆稳定，脊柱延长。
3. 吸气，维持姿势，控制核心。
4. 呼气时，更多地关注并收紧核心，屈左膝拉向身体方向。
5. 吸气，控制核心，保持骨盆中立位。
6. 呼气时，慢慢下落右腿，有控制地将脚放回垫子。
7. 再次呼气时，慢慢下落左腿，有控制地将脚放回垫子。
8. 重复6次，换另一侧腿。

注意事项

→ 通过运用核心力量来保持中立位和身体动作。
→ 参考仰卧单膝屈曲动作中的注意事项（见69页）。
→ 记住当抬起一条腿以及下落时，需要更多的稳定性。
→ 不要屏住呼吸。

仰卧单膝屈伸（难度2）

在塑形训练中，我们会反复练习这个腿部动作。它是普拉提创始人约瑟夫·普拉提先生所设计的训练动作中的一部分。因此，正确练习这个动作非常重要。

起始姿势

仰卧屈髋屈膝位（见48页），双臂置于身体两侧，轻放普拉提垫上，并向远处延伸。

动作步骤

1. 吸气准备。
2. 呼气时，抬起你的右腿离开垫面，屈膝拉向身体。骨盆紧贴垫面。
3. 吸气，保持膝盖屈曲。
4. 呼气时，伸直膝盖，抬腿至与地面约45度，骨盆不要晃动。
5. 吸气，将直腿屈膝收回。
6. 呼气时，将腿有控制地慢慢送回地面。
7. 单侧重复8次后换腿。

仰卧单膝屈伸

更多塑形训练

骨盆稳定训练之抬臂（难度3）

我们可以通过举起手臂到单臂沉肩（见78页）来增加骨盆稳定性训练的难度。

仰卧单膝行军踏步之抬臂（见右上图）。

单腿滑行之抬臂（见右下图）。

仰卧单膝屈伸之抬臂（见下图）。

双膝转动之抬臂（见73页）。

或者加一个手臂动作，例如：胸腔闭合（见73页），或者肩部划圈（见84页）。

仰卧单膝行军踏步之抬臂

单腿滑行之抬臂

仰卧单膝屈伸之抬臂

双膝转动（难度2）

这个练习在挑战你稳定性的同时可以锻炼你的臀部，并且可以作为练习前的热身。稍后，我们将添加更多的挑战。

起始姿势

仰卧屈髋屈膝位（见48页），双脚分开略比髋部宽。双臂向两侧伸出，略低于肩膀，掌心向下。

动作步骤

1. 吸气准备。
2. 呼气时，从髋关节处转动左腿向外，同时也从髋关节处拉动右腿向内。双膝都转向左侧。双脚也跟着转动。
3. 吸气时，将双腿同时转动回身体正中。
4. 呼气时，将双腿转动到身体另一侧，然后按这个顺序重复动作5次。

起始姿势

双膝转动动作步骤2

双膝转动之胸腔闭合（难度3）

起始姿势时，向上抬起双臂垂直于地面，然后呼气时将双臂指向脑后，将双腿转动到身体一侧。吸气时，将双腿同时转动回身体正中，将双臂也收回到起始位置。重复一次，呼气时将双臂指向脑后，将双腿转动到身体另一侧。

更多塑形训练

双膝转动之胸腔闭合 1

双膝转动之胸腔闭合 2

注意事项 👁

→ 适当收紧核心来控制你身体的中立位和动作幅度。
→ 尽力保持骨盆稳定。
→ 控制膝盖的转动；不要让它们倒向一边。

3 最新基础训练与更多塑形训练

起始姿势

桌面式（难度2）

这主要是一个稳定性的练习，同时也锻炼你的手臂、肩膀、腰部和臀肌。我们把它分成几个阶段，让你一步一步去挑战。在第76页和第77页有更多塑形训练，但是在你掌握这个动作之前，不要尝试它们。

> **注意事项**
>
> → 适当收紧核心来控制你身体的中立位和动作幅度（见64～65页）。

动作步骤 2

起始姿势
四肢跪地（见54页）。

难度1
动作步骤
1. 吸气准备。
2. 呼气时，将一条腿滑向身后，与髋关节在一条直线上，脚趾轻触垫面。保持骨盆和脊柱稳定。
3. 吸气时，将后撤的腿收回到起始姿势。
4. 换另一条腿重复这个动作。

动作步骤 3

难度2

动作步骤

首先，请按照74页动作步骤1~2做出动作。

3. 吸气时，保持后撤腿延长并将腿向上抬至与髋关节同高，身体其他位置保持不动。
4. 呼气时，将抬高的腿放回垫面，然后收回至起始姿势。
5. 换另一条腿重复这个动作。

注意事项

→ 尝试将手臂向上抬至与肩膀同高，将腿向上抬至与髋关节同高。
→ 整个过程中，保持骨盆和脊柱稳定并且在中立位上。
→ 请保持你的肩膀舒展打开。

难度3

动作步骤

首先，请按照74页动作步骤1~2做出动作。

3. 吸气时，将腿向上抬至与髋关节同高，同时向上抬起对侧的手臂，尽可能抬至肩膀高度。保持躯干延长、稳定。
4. 呼气时，将抬高的腿放回垫面，同时将抬高的手臂收回至肩膀下方。
5. 吸气时，将后撤腿收回至起始姿势。
6. 每侧动作重复做5次，然后换另一侧手臂和腿。

桌面式之抬臂敬礼（难度3）

在本篇中，你需要保持身体中立位更长的时间，这使得该动作成为一个更具挑战性的练习。

动作步骤

首先，请按照74页动作步骤1~2，75页动作步骤（难度3）3，做出动作。

4. 呼气时，弯曲你抬起的手肘，放于前额，呈敬礼状。
5. 吸气时，伸直手臂。
6. 呼气时，将你的手臂和腿收回至起始姿势。
7. 每侧重复5次。

更多塑形训练

桌面式之抬臂敬礼

动作步骤 4

桌面式之屈膝（难度3）

这个动作关注点在腿部。练习时，可以抬起对侧手臂或者不抬起——当然抬起手臂更具挑战。

更多塑形训练

桌面式之屈膝

动作步骤

首先，请按照74页动作步骤1～2，75页动作步骤（难度3）3，做出动作。

4. 呼气时，上抬着的后腿屈膝。
5. 吸气时，伸直膝盖。
6. 呼气时，（如果你抬高了手臂）请放下手臂和腿。
7. 吸气时，回到起始姿势。
8. 每侧重复5次。

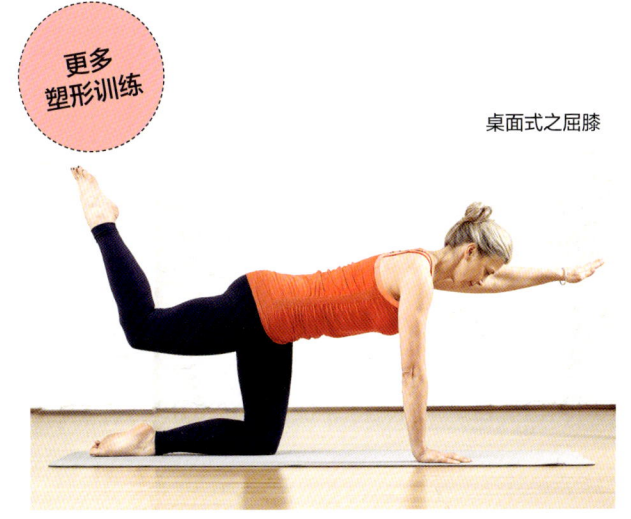

注意事项

→ 适当收紧核心来控制你身体的中立位和动作幅度。

桌面式之抬臂敬礼与屈膝（难度4）

最后，将所有动作步骤和注意事项放在这个变化动作中。

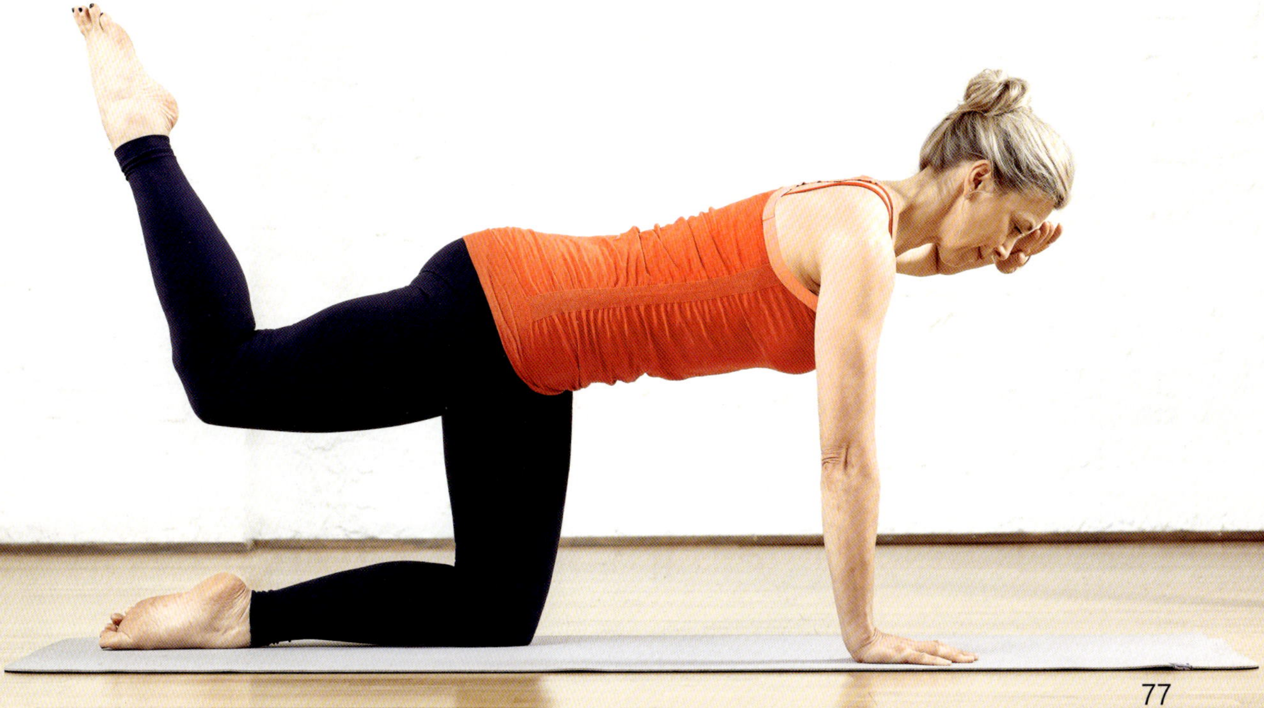

起始姿势

起始姿势

仰卧屈髋屈膝位（见48页）。将双臂举起垂直于胸廓，与肩同宽，掌心相对。

动作步骤

1. 吸气时，一只手臂向上指向天花板，将肩胛骨与垫面分开。
2. 呼气时，缓慢下落手臂，将肩胛骨落回垫面。
3. 单侧重复10次，换另一只手臂。

单臂沉肩（难度1）

到目前为止，在"最新基础训练"中（除去更多塑形训练的内容），我们已经挑战了你下肢的核心控制。现在让我们来看看上肢。首先需要把肩膀调整好，放在最好的位置。沉肩是很好的方法。这个广泛使用的动作通过调动肩胛骨来缓解肩膀和脖子周围的紧张。这也有助于你去感知手臂是如何通过肩部连接到胸腔后部的。我们还有更多塑形训练的内容可以选择，但首先请掌握这些基础的练习。

注意事项

→ 整个过程中，保持骨盆和脊柱稳定不动。
→ 保持颈部延长、放松，头部始终保持稳定不动。
→ 充分延长手臂，但不要锁死肘关节。

双臂沉肩（难度1）

双臂同时向上指向天花板，同时下落回到垫面。

增加负重（难度2）

每只手拿较轻的负重，开始时每只手负重不要超过0.5千克，手掌朝外。这样就加强了增肌效果，但你也会发现通过负重练习，可以得到更多的放松。

起始姿势

动作步骤 1

动作步骤 2

胸腔闭合（难度1）

这个动作可以很好地调动你的肩膀，但你的主要目标是控制好胸廓和上部脊柱的位置。在书中接下来的部分，我们会将胸腔闭合动作与其他练习相结合。

起始姿势

仰卧屈髋屈膝位（见48页），双臂伸长置于身体两侧，掌心相对或掌心向下，选择你舒适的方式。花点时间去感受一下，此时将肋骨、骨盆和头部贴在垫面上，在练习过程中它们不会离开垫面。

动作步骤

1. 吸气时，举起双手至肩膀高度。
2. 呼气时，将双臂举过头顶，指向地板。保持颈部延长，胸腔放松、闭合，脊柱保持不动、稳定。
3. 吸气时，将双臂收回至胸部上方。感受胸腔变沉，锁骨打开。
4. 呼气时，保持手臂的延长感，将双臂落回于身体两侧。
5. 重复动作10次。

> **注意事项** 👁
>
> → 适当收紧核心来控制身体的中立位和动作幅度（见64~65页）。
> → 将双臂举过头顶这个步骤中，大多数人只能将双臂维持在耳朵这个高度，除非有非常好的柔韧性，否则很难接触到身后的地板。
> → 当把双臂举过头顶时，要特别注意不要让上部脊柱拱起。
> → 充分延长手臂，但不要锁死肘关节。

起始姿势

胸腔闭合

> **更多塑形训练**

注意事项 👁

→ 适当收紧核心来控制身体的中立位和动作幅度（见64~65页）。

靠墙胸腔闭合（难度2）

站在离墙30厘米远的地方，然后臀部向后坐，靠在墙上，两脚平行，与髋部同宽。微微地弯曲膝盖，通过墙面的支撑力，检查身体是否处于中立位。靠墙时，注意后脑勺，胸廓和骨盆，维持脊椎的自然生理曲度，后脑勺不要碰到墙，头部不要向后倾斜，只要从头顶向上延长就好。然后按照仰卧胸腔闭合动作的步骤（见79页），在地板上的动作替换成墙面动作。

负重靠墙胸腔闭合（难度3）

练习每只手拿较轻的负重——最初不要超过0.5千克。

起始姿势下负重

负重靠墙胸腔闭合

更多塑形训练

负重/不负重胸腔闭合之墙壁滑动（难度3）

当手臂举过头顶时，让臀部沿着墙壁向下滑动，保持脊柱自然的生理曲度，直到膝盖屈膝成近乎90度，但不超过90度的角度。当放下手臂时，将臀部沿着墙壁向上滑到原来的位置。

增加提踵锻炼小腿（难度3）

在滑动的最后加上双脚提踵动作，平稳、轻柔地滚动脚底，将脚踝前部向正前方送出去。然后，放下脚后跟，最后将臀部沿着墙壁向上滑到原来的位置。

增加墙壁滑动

单臂飘起（难度1）

这个动作在站立练习中很有特色。你可以将在这里学到的动作技巧，运用到其他任何需要举起手臂的动作中去。大多数人过度使用着肩膀的上半部分——这就是为什么肩部肌肉会变得非常紧张的原因。这个简单的练习可以帮助你找到一种在上举手臂时避免过度使用这些肌肉的方法。

起始姿势

请站直，使用平行站姿（见58页）或普拉提站姿（见60页），你还可以使用高位跪姿弓箭步（见56页），坐姿青蛙（见53页）或者静态站姿弓箭步（见61页）。将右手放在左肩上。去感受你的锁骨：试着在动作的第一部分保持锁骨不动，在这个动作中，用你的手去检查肩膀的上半部分，使其尽可能长时间保持"安静"。

动作步骤

1. 吸气准备。
2. 呼气时，慢慢地飘起一只手臂，像鸟儿打开翅膀一样，将肩胛骨伸展开。想象你的小拇指牵引着手臂，使手臂跟随着双手向外张开。保持你的手臂刚好在肩膀前，在你的视线范围内。当手臂飘起时，使你的手臂在肩窝内自然旋转。
3. 吸气时，将你的手臂原路飘落回身体两侧。
4. 每只手臂重复3次。

注意事项

→ 适当收紧核心来控制你身体的中立位和动作幅度（见64～65页）。
→ 当你举起手臂时，心中默想这个动作顺序：手臂、肩胛骨、胸骨。
→ 允许肩胛骨滑动。
→ 如果你需要，可以增加一次额外的呼吸。
→ 不要让你的上半身向一侧倾斜；保持身体中立位。
→ 保持耳朵与肩膀的距离。

更多塑形训练

双臂飘起（难度1）

同时将双臂飘起即可。

负重双臂飘起（难度2）

选择较轻的负重，开始时每只手负重不要超过0.5千克。作为动作的变化，当手臂飘落回去时，使掌心向下。这给人一种从头顶升起来的美妙感觉——想象自己是一只天鹅而不是鸭子。

双臂飘起

负重双臂飘起

负重单臂飘起

负重单臂飘起（难度3）

请站立做这个动作。由于只有一只手臂飘起，又增加了负重，所以必须更加努力地控制身体中立位和平衡（双臂同时飘起的动作会简单一点）。保持住不要向一侧倾斜。

肩部划圈（难度2）

这个练习可以调动你的肩膀，无论你选择哪个起始姿势，都会感觉很棒。

起始姿势

动作步骤 2

动作步骤 3

动作步骤 4

起始姿势

可以选择仰卧屈髋屈膝位（见48页），或平行站姿（见58页），或普拉提站姿（见60页），或高位跪立（见56页），或高位跪姿弓箭步（见56页），或者静态站姿弓箭步（见61页）。你可以在许多不同的练习中加入划圈动作，例如站立后屈（见184页）。

动作步骤

1. 吸气准备。
2. 呼气时，将你的双臂举过头顶，保持脊柱，胸廓和骨盆的稳定。
3. 吸气时，双臂向身体侧面伸出开始划圈，然后微微向你的身后划圈（如果你是站立姿势），最后将双臂划圈回到起始姿势。
4. 一旦你的手臂低于肩膀的高度，请将手臂微微向身后划圈，然后将手臂划圈回到起始姿势。
5. 重复5次，然后换方向划圈。

> **注意事项**
>
> → 适当收紧核心来控制你身体的中立位和动作幅度（见64~65页）。
> → 充分感受你手臂和肩膀的自由运动，但仍要保持胸廓与下方的腰部相连接，保持上部脊柱不动。
> → 记住你在单臂飘起（见82页）动作中所学到的：手臂先动，当手臂举过头顶后，让肩胛骨轻柔地在胸廓处滑动。
> → 当双臂在划圈时，请保持左右手臂在一个高度。

起始姿势	动作步骤2

俯卧抬腿预备式（难度1）

这不仅是一个很好的稳定性练习，同时也能锻炼到你的臀部肌肉。

起始姿势

俯卧起始姿势（见58页）在前额下垫一块折叠的毛巾或一个平整的靠垫。将你的手指放在髋骨下方。将腿从髋关节处打开，分开略比髋关节宽，或者保持双腿平行。注意指尖上的压力（或没有压力）。你的目标是不增加或减少这种压力——这并没有听起来那么容易。

动作步骤

1. 吸气准备。
2. 呼气时，延长并抬高一条腿离开垫面，保持骨盆和脊柱不动。注意你指尖上的压力是否有变化。
3. 吸气时，将抬高的这条腿延长并落回垫面。
4. 重复10次动作，然后换腿抬高。

注意事项 👁

→ 保持核心收紧、稳定为腰背部提供支撑。
→ 在保持骨盆和脊柱不动的情况下，尽可能抬高腿。
→ 充分延长腿，但不要锁死膝盖。

更多塑形训练

俯卧抬膝预备式（难度3）

为了进一步孤立臀肌，增加力量训练效果，请将双腿分开与髋关节同宽，两腿平行来开始动作。根据上述动作步骤做出动作，然后弯曲膝盖，膝盖延伸，远离髋关节。

> **注意事项** 👁
>
> → 适当收紧核心来控制身体的中立位和动作幅度（见64~65页）。
> → 在保持骨盆和脊柱不动的情况下，尽可能抬高腿。
> → 保持你的手臂放下，但脊柱提起。

起始姿势

半程俯卧抬腿（难度4）

这个练习可以很好地锻炼到你的背部、肩膀和臀部肌肉。

起始姿势

与俯卧抬腿预备式相同，但手臂需要放置在身体前方的垫面上，略比肩宽，掌心向下。

动作步骤

1. 吸气准备。
2. 呼气时，依次抬起头部，颈部，上部脊柱，来到俯卧菱形手位起身动作（见106页），肋骨放下。将胸骨向前向上抬起，好似照亮前方。
3. 吸气时，延长整条脊柱。
4. 呼气时，延长并将一条腿抬离垫面，保持骨盆和脊柱不动。
5. 吸气时，将抬高的这条腿延长并落回垫面。
6. 重复10次动作，然后回到起始姿势。

动作步骤 2

动作步骤 4

起始姿势

动作步骤 2

蚌式开合（难度1）

用这个动作来孤立和锻炼臀部肌肉。

起始姿势

请向右侧卧，将肩膀、臀部和脚踝保持在一条直线上。延长右臂并枕于头部下方，与脊柱成一条直线；你可能需要一个平整的靠垫或一个折叠的毛巾来保持头部与脊柱在一条直线上。将左手放置在胸廓的前方。弯曲双膝，双脚向后，使脚踝与骨盆后侧在一条直线上。

动作步骤

1. 吸气准备。
2. 呼气时，打开上方的膝盖，保持脚后跟贴在一起。这个"打开"动作是从髋关节处发生的。保持骨盆不动、稳定。
3. 吸气时，将腿收回到起始姿势。
4. 重复动作10次，然后换另一边。

动作变化：根据你的感受，可以在双膝间夹一个枕头。

注意事项 👁

- → 适当收紧核心来控制身体的中立位和动作幅度（见64～65页）。
- → 请保持身体中立位，肩膀和肩膀、髋关节和髋关节、膝盖和膝盖对齐。
- → 在保持骨盆和脊柱不动的情况下，尽量打开你上方的膝盖。
- → 整个过程中，请保持延长两边侧腰。
- → 在胸廓前的手臂只是起到支撑作用，不要施加太大压力。
- → 保持胸廓打开，眼睛注视前方。

更多塑形训练

弹力带蚌式开合（难度2）

在大腿上绑上弹力带（或有弹性的围巾）。如果用围巾的话，不要绑得太紧，只要感到有些阻力就可以了。

侧卧屈膝双臂举过头顶（难度4）

这个动作更加困难，当上臂举过头顶时，核心需要更加收紧，进一步挑战平衡性。

侧卧屈膝（难度3）

这个版本的蚌式开合动作增加了平衡性的元素，使臀部进行更大范围的运动。起始姿势为，下方腿与身体成一条直线，上方腿弯曲，脚放在小腿下部。

接着，请遵循蚌式开合动作的要点，将上腿膝盖向前转动，感受股骨在髋臼窝内转动。但骨盆不能向前翻。

更多塑形训练

打开

> **注意事项**
>
> → 适当收紧核心来控制身体的中立位和动作幅度（见64~65页）。

闭合

流畅性

到目前为止，本书中的训练计划要求在保持骨盆和脊柱不动的情况下，活动四肢。接下来，我们要通过动作来挑战你的稳定性了。一个完整全面的训练包括脊柱所有的动作：俯屈、旋转、侧屈和伸展。

脊柱卷动（难度1）

这是每个人都喜欢的动作，它可以教你如何使脊柱逐节运动（椎骨一节一节地动），还可以锻炼臀肌和腹肌。这个练习的"更多塑形训练"内容将会更具挑战性。一定要等到准备好了才去尝试这些练习——稳定性非常好才能成功做好动作。

> **注意事项**
> - 适当收紧核心来控制身体的中立位和动作幅度（见64~65页）。
> - 使两只脚的承重相同。这有助于防止骨盆向两侧倾斜。
> - 腰部两侧等长地伸展。
> - 保持双膝平行，与髋关节成直线，不要让脚内翻或外翻。

起始姿势

动作步骤3

起始姿势

仰卧屈髋屈膝位（见48页），双臂置于身体两侧，并向远处延伸。

动作步骤

1. 吸气准备。
2. 呼气时，将尾骨向下弯曲，将骨盆指向北面，将脊柱慢慢地抬离垫面，一次就抬高一节椎骨，延伸膝盖远离髋关节。依次卷动脊柱，一节接着一节椎骨，直到卷动到肩胛骨的上缘。
3. 吸气时，保持这个姿势，关注脊柱的延伸。
4. 呼气时，向后向下卷动脊柱，放松胸骨，依次卷动每节椎骨。
5. 吸气时，将骨盆送回到水平位。
6. 重复这个动作10次。

更多塑形训练

增加膝盖打开

增加膝盖屈曲

增加膝盖打开（难度3）

在脊柱卷动动作的顶端，检查你的身体是否处于中立位，然后将一个膝盖向侧边打开，就像单膝开合（见69页）动作一样。接着，将膝盖拉回身体中间，最后将脊柱向下卷动回来。

增加膝盖屈曲（难度4）

这个动作更具挑战，特别是你一侧的臀部。不要让骨盆倒向一侧。你可能需要打开你的"调光开关"，并且更多地调动核心。

增加双臂抬起（难度5）

在膝盖屈曲动作上，再加上双臂抬起，会大大增加这个动作的难度。

增加双臂抬起

增加胸腔闭合或肩部划圈（难度3）

起始姿势时将双臂放于身体两侧，然后开始做脊柱卷曲动作，同时双臂划圈，直至脊柱卷曲动作到达顶端，然后再将双臂收回至身体两侧，最后将脊柱向下卷动回来。你的挑战是当手臂收回时，保持与胸廓的连接。

增加胸腔闭合或肩部划圈

增加提踵（难度5）

增加提踵

动作步骤2

起始姿势

卷腹（难度1）

如果做得正确、有控制，这个屈曲练习是最好的腹部练习之一。但要注意动作细节，否则你会做错。

起始姿势

仰卧屈髋屈膝位（见48页）。双手交叉轻轻放在脑后，将手肘打开，在你的耳朵前面，刚好在你的视线范围内。

动作步骤

1. 吸气准备。
2. 呼气时，延伸颈部后侧，点头然后依次卷起上半身，保持下胸廓的后部在垫面上。保持骨盆不动、水平，不要让腹部拱起。
3. 吸气时，将气体吸到胸廓后部，保持卷起的姿势。
4. 呼气时，慢慢地、依次地、有控制地卷动你的脊柱向下，回到垫面。
5. 重复动作10次。

注意事项 👁

- → 适当收紧核心来控制身体的中立位和动作幅度。
- → 动作中保持骨盆在中立位上。
- → 双手托住你的头。
- → 将注意力放在脊椎上，让它一节一节地离开垫面。
- → 你可以再进行一次呼吸让身体卷起更多。

更多塑形训练

掌握了卷腹动作后，挑战一下自己，通过增加膝盖打开动作（见69页），或者增加行军踏步动作（见69页）或者增加单腿滑行动作（见68页）。然后尝试其他变化动作，每一个都增加了各自的挑战内容。

你可以先做卷腹动作，然后增加一次呼吸，加上膝盖打开动作，或者行军踏步动作等。或许你可以选择增加难度，在卷腹的同时加上单腿滑行动作，或者行军踏步动作等。如果你选择同时做出动作，那么难度将升为4。

卷腹下的单膝开合（难度3）
吸气时，打开膝盖，呼气时，合拢膝盖。

卷腹下的单腿滑行（难度2）
吸气时，将一条腿滑行出去，呼气时，将一条腿收回。腿和髋关节在一条直线上。

卷腹下的单膝行军踏步（难度3）
和先前一样，吸气时屈膝拉向身体，呼气时，换另一条腿。

卷腹下的双膝行军踏步（难度4）
你可以根据自己的情况，选择最适合你的呼吸方式。

卷腹下的单膝开合

卷腹下的单腿滑行

卷腹下的单膝行军踏步

卷腹下的双膝行军踏步

> **注意事项**
>
> → 适当收紧核心来控制身体的中立位和动作幅度（见64~65页）。
> → 使你的"C"字卷曲动作维持尽可能长的时间。
> → 上部脊柱不要过度卷曲。
> → 当你卷曲时，允许手肘微微弯曲，使它们向两边打开。
> → 保持耳朵与肩膀的距离。

坐姿呈"C"字卷曲

坐姿呈"C"字卷曲（难度2）

不要指望第一次就能做得完美——这很难，需要练习。但是一定要坚持，因为在后面的塑形计划中经常用到它。镜子可以帮助检查你是否处于正确的位置。

起始姿势

坐直，屈膝，脚掌放于垫面上，双腿分开与髋同宽。将双手放于大腿后侧，手肘微屈、打开。

动作步骤

1. 吸气时，卷曲你的下部脊柱，使骨盆后倾。同时，卷曲头部、颈部、上背部，形成一个延长的、均匀卷曲的脊柱。肩部应该保持垂直于髋关节。
2. 呼气时，同时转动骨盆和头部，使脊柱延长并回到中立位。
3. 重复动作5次。

起始姿势

起始姿势

猫式伸展（难度1）

这是一个保持脊柱灵活性非常好的练习。在这个练习中，首先你将使用"C"字卷曲动作，然后我们带你加入温和的背部伸展。

起始姿势

四肢跪地动作（见54页）。

动作步骤

1. 吸气准备。
2. 呼气时，使骨盆后倾，当你这样做的时候，腰背部拱起，然后是上背部，接着是颈部，最后，微微向前点头。
3. 深长地呼吸。
4. 呼气的同时，逐步松解开脊柱，使尾骨远离头顶，脊柱回到中立位。
5. 吸气时，保持脊柱延长。
6. 呼气时，缓慢地伸展你的上部脊柱，首先延长头部，接着颈部，然后胸骨向前向上抬起，好似照亮前方。锁骨伸展，打开。
7. 吸气时，让脊柱回到中立位。
8. 重复动作8次。

注意事项 👁

- → 适当收紧核心来控制身体的中立位和动作幅度（见64~65页）。
- → 这个动作的目标是使整个脊柱呈"C"字卷曲，均匀伸展。最常见的错误是过度卷曲上背部。
- → 使你的头部保持在脊柱卷曲的曲线上，不要往下掉。
- → 使身体的重量均匀地分布在双手和双膝上。
- → 充分伸展手臂，但不要锁死肘关节。

动作步骤 2

动作步骤 6

更多塑形训练

单臂猫式伸展（难度3）

以三点跪地动作开始（见55页），然后根据动作步骤1～4（见95页）做出动作。难点是使你的脊柱始终沿着中心线移动。这会锻炼到你的手臂和肩膀，同时挑战你的核心。这个变形动作中，不会有太多的背部伸展，这也是为什么我们只做到动作步骤4。

> **注意事项** 👁
>
> → 适当收紧核心来控制身体的中立位和动作幅度（见64～65页）。

单臂猫式伸展　动作步骤1

单臂猫式伸展　动作步骤2

腰部扭转（难度1）

现在开始脊柱扭转练习。帮助你扭转的正是你腰部的肌肉。和我们所有的练习一样，从头顶开始螺旋向上，不断向上延展脊柱来开始动作，然后回到起始姿势。在后期的塑形计划中，我们会将这种脊柱扭转动作与其他动作结合起来。

起始姿势

选择平行站姿（见58页），或普拉提站姿（见60页），或坐姿青蛙（见53页），或高位跪立（见56页），或静态站姿弓箭步（见61页）。

请坐直，或站直，或跪好。如果你是站姿或者是跪姿，保持腿部平行，打开与髋同宽。双臂在胸前，小臂上下交叠，略比肩低。一个手掌在对侧手肘上方，另一个手掌在对侧手肘下方。

动作步骤

1. 吸气，延长你的脊柱。
2. 呼气时，先将你的视线转向右侧，接着转动头部、颈部，最后充分扭转你的躯干向右侧。保持骨盆在原来的位置不动，从头顶开始保持延长感。
3. 吸气时，继续延长你的脊柱，然后扭转身体回到起始姿势。
4. 每一侧重复动作6次。其中，每做3次动作后，换一下手臂上下交叠的位置，让下面的手臂换到上面来。

> **注意事项**
>
> → 适当收紧核心来控制身体的中立位和动作幅度（见64～65页）。
> → 保持骨盆在原来的位置不动。
> → 确保你的体重均匀地分布在两脚上（如果是坐姿，确保你的体重均匀地分布在坐骨上；如果是跪姿，确保你的体重均匀地分布在膝盖上）。
> → 不要弓背或者塌腰。
> → 用脊柱带动手臂，不是用手臂带动身体扭转。

站姿起始动作

高位跪立腰部扭转

腰部扭转　动作步骤2

高位跪姿弓箭步下腰部扭转　起始姿势　　　　　高位跪姿弓箭步下的腰部扭转　动作步骤2

高位跪姿弓箭步下的腰部扭转（难度3）

在高位跪姿弓箭步下做腰部扭转，还会锻炼到你身体的平衡性和核心。在两个方向上进行扭转。你可能会产生摇晃。

静态站姿弓箭步下的腰部扭转（难度4）

在两个方向上都进行扭转，然后换另一条腿屈膝在身体前方，重复动作。

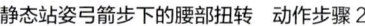

更多塑形训练

静态站姿弓箭步下的腰部扭转　动作步骤1

静态站姿弓箭步下的腰部扭转　动作步骤2

动态站姿弓箭步下的腰部扭转（难度5）

这一次，当你扭转时前腿屈膝，然后当你将身体转回，面朝前方时伸直膝盖。在两个方向上都进行扭转，然后收回前腿，换另一条腿屈膝在身体前方，重复动作。这是一个锻炼到大脑和身体的小练习，大腿、臀部、腰部、小腿以及核心都需要参与。

注意事项

→ 适当收紧核心来控制身体的中立位和动作幅度（见64~65页）。

更多塑形训练

起始姿势

动作步骤 1

动作步骤 2

仰卧手臂开合（难度1）

这是一个可以精准地锻炼到你腰部的练习动作，会给你带来很奇妙的舒适感受。

起始姿势

侧卧座椅式（见57页），在头部下方放置一个枕头或靠垫，使头部与颈部和脊柱保持一条直线。屈双膝在身体前方，使你的髋部和膝盖成直角。伸直手臂在身体前方，与肩同高。上面的手搭在下面的手上放松。

动作步骤

1. 吸气时，抬起上方手臂，保持伸直，将其举过肩关节，指向天花板。同时，转动头部和颈部面向天花板。
2. 呼气时，继续转动头部、颈部和上部脊柱，你要保持对手臂的控制。骨盆稳定不动。
3. 吸气时，开始向后转动，带动你的手臂转到肩膀与地面高度一半的位置。
4. 呼气时，转动回到起始姿势。
5. 每侧重复动作5次，然后在另一侧重复动作。

> ### 注意事项 👁
>
> → 适当收紧核心来控制身体的中立位和动作幅度（见64~65页）。
> → 请保持肩膀，髋部，膝盖，双脚在中立位上。
> → 保持腰部收紧与地面有一定空间，腰部两侧等长地伸展。
> → 不要拱起颈部和背部。
> → 尽量保持骨盆稳定不动。

更多塑形训练

负重仰卧手臂开合（难度3）

开始时每只手负重不要超过0.5千克——这帮助你锻炼到手臂和肩膀，但是要注意不要让你的手臂超出脊柱的旋转范围。当脊柱停止转动时，手臂也停止转动。

蝴蝶式（难度2）

这个动作并没有锻炼某块肌肉，但如果你手上没有枕头，这个动作会有用。开始时将双手轻轻抱在脑后，这样头部就可以靠在双手上。然后吸气时打开你的上方肘部，呼气时先扭转头部，然后是颈部，上部脊柱，最后扭转肋骨。回来时，从最后一个位置开始扭转回去。

起始姿势

蝴蝶式

髋部卷动（难度1）

这个动作的目标是要挑战你控制脊柱旋转顺序的能力。它也有助于瘦腰。

起始姿势

仰卧屈髋屈膝位（见48页）。双腿并拢，大腿内侧接触。双臂置于身体两侧，轻放于普拉提垫上，略比肩膀低，掌心向上。

动作步骤

1. 吸气准备。
2. 呼气时，向左侧卷动骨盆——像骨盆指南针动作（见50页）中的指向西面一样。右侧骨盆和右侧肋骨微微抬离垫面。
3. 吸气时，调动你的核心，将骨盆和腿送回起始姿势。
4. 在另一侧重复动作，然后完成这个序列动作共5次。

起始姿势

> **注意事项**
>
> → 适当收紧核心来控制身体的中立位和动作幅度。
> → 将你的骨盆和腿转向一边时避免晃动、走偏。
> → 保持腰部两侧等长地伸展。
> → 首先从髋部卷动，然后是腰部，最后是下位肋骨。
> → 卷动回来时，首先从下位肋骨，然后是腰部，最后是你的髋部。

动作步骤 2

更多
塑形训练

髋部卷动之腿部伸展（难度3）

现在通过伸直一条腿来增加对你核心的挑战。这会增加你身体的负担，腰部肌肉需要更多地参与工作。

首先，完成髋部卷动动作中的步骤1和步骤2（见102页），然后：

3. 吸气时，伸直你的右腿，大腿内侧贴合在一起。
4. 呼气时，有控制地与刚才卷动相反的顺序卷动身体回来：肋骨，腰部，然后是髋部卷动回到中间。
5. 吸气时，屈膝。
6. 每一侧重复动作5次。

髋部卷动之胸腔闭合（难度4）

在做这个组合练习的过程中，它可以很好地伸展你的腰部。关键是你要控制好身体的中段部分。起始姿势时，举起双臂至肩膀高度，指向天花板，掌心相对。接着开始做髋部卷动动作，同时将手臂向后举过头顶，与胸腔闭合动作（见79页）中的手臂动作一样。最后，当将膝盖转回来时，也将手臂和髋部转回到起始姿势。注意，手臂不要伸得太远。

髋部卷动之腿部伸展 动作步骤3

髋部卷动之胸腔闭合 起始姿势

髋部卷动之胸腔闭合

单侧伸展（难度1）

如果你正在寻找一种瘦身的好方法，这个练习不但可以拉伸你的腰部，还可以锻炼到它。

起始姿势

选择平行站姿（见58页），或普拉提站姿（见60页），或坐姿青蛙（见53页），或高位跪立（见56页），或高位跪姿弓箭步（见56页），或静态站姿弓箭步（见61页）。

如果选择站姿，请在地面上站直（不要站在垫子上），两腿平行与肩膀同宽，不是与髋部同宽。脊柱伸展，双臂在身体两侧延伸。

动作步骤

1. 吸气时，从身体侧面举起左边手臂，举过头顶。
2. 呼气时，头部向上延伸，手臂向上伸展，依次带动身体，将脊柱向右侧屈。
3. 吸气时，继续保持身体延长，专注于横向呼吸。
4. 呼气时，将脊柱转回到与地面垂直的位置。将左手臂下落回身体侧面。
5. 每侧重复动作5次。

横向呼吸：也称"肋间呼吸"，它能够协助我们核心肌肉向内收缩，是普拉提练习中较为常用的、经典的呼吸方法。

动作步骤：吸气时，胸腔扩张，肋骨向两侧打开，可将双手放在两侧肋骨旁，直观感受横向呼吸。呼气时，肋骨下降，收腰收腹，收紧核心。

> **注意事项**
>
> → 适当收紧核心来控制身体的中立位和动作幅度。
> → 在一个平面上运动，身体不要向前弯曲，也不要后仰。
> → 保持你的头部和颈部与脊柱成一条直线。
> → 站姿时，双脚均匀承重；坐姿时，双膝均匀承重；跪姿时，双膝均匀承重。

起始姿势　　　　　动作步骤1　　　　　动作步骤2

更多塑形训练

高位跪姿弓箭步下的单侧伸展（难度4）

改变起始姿势会对动作难度有很大的影响，这增加了对身体平衡性和协调性的挑战，调动你的核心更多地参与。身体两侧都进行单侧伸展3次，然后换另一条腿支撑在身体前方，重复动作。

高位跪姿弓箭步下的单侧伸展　动作步骤1

高位跪姿弓箭步下的单侧伸展　动作步骤2

静态站姿弓箭步下的单侧伸展（难度4）

身体两侧都进行单侧伸展3次，然后换另一条腿支撑在身体前方，使大腿、臀部、腰部、小腿以及其他核心更多地参与进来。

静态站姿弓箭步下的单侧伸展　动作步骤1

静态站姿弓箭步下的单侧伸展　动作步骤2

俯卧菱形手位起身（难度1）

人们往往会忽略背部——在镜子中我们总是关注身体正面和侧面，但却很少去看身体的后面。如果你进行接下来的这些背部伸展练习，你的上背部将会得到很好的锻炼，从各个角度看你的姿势都将是完美的。

注意事项

- 适当收紧核心来控制你身体的中立位和动作幅度。
- 向前延长，延长，延长……
- 首先抬起你的头（想象在垫子上用鼻子将弹珠滚出去），然后抬起脖子。当头部和脖子与脊柱成一条直线时，开始伸展上部脊柱。
- 当你做抬起动作时，请保持下位肋骨在垫面上，这样可以确保没有抬得太高，压迫下部脊柱。这个动作，延长比抬高更重要。
- 保持双脚始终在垫面上。
- 请一边保持延长感，一边有控制地下落身体，不要一下子落回。

起始姿势

俯卧起始姿势（见58页），双脚打开与髋同宽，保持平行。用手臂围成一个菱形，将双手的指尖并拢，掌心向下放在垫子上。

打开肘关节。将前额靠在手背（或毛巾）上。如果需要的话，可以在腹部下方放一个折叠的毛巾或一个平整的靠垫来支撑腰椎。

可以更多地打开手，这样会更舒服。

起始姿势

动作步骤 2

动作步骤
1. 吸气准备。
2. 呼气时，先抬起你的头部，然后是颈部，最后是胸部，使它们离开垫面。仍旧保持下位肋骨在垫面上，将胸腔打开，好比胸骨是一盏探照灯，照亮前方。
3. 吸气时，保持这个延长的姿势。
4. 呼气时，保持延长感，落回你的胸部、颈部和头部，回到起始姿势。
5. 重复动作10次。

更多塑形训练

俯卧菱形手位下的抬臂敬礼（难度3）

在这个抬臂敬礼的动作变式中，需要更多地动用到你的背部肌肉。

请按照俯卧菱形手位起身动作步骤1~2（见106页）做出动作。

3. 吸气时，抬手臂至前额作敬礼动作。
4. 呼气时，手臂还原。
5. 每只手重复动作4次，然后依次卷动脊柱回到垫面。

俯卧菱形手位下的抬臂敬礼和单腿抬高（难度4）

抬臂敬礼的同时，抬起手臂对侧的一条腿，就像俯卧抬腿预备式动作（见85页）一样。这样增加了锻炼臀部的效果。每一侧手臂和腿各重复动作5次，然后回到起始姿势。

俯卧菱形手位下的抬臂敬礼

俯卧菱形手位下的抬臂敬礼和单腿抬高

休息姿势（难度1）

　　这个动作可以使用在任何俯卧或者四肢跪地动作（见54页）之后。这也是一个进行横向呼吸（见62页）或者腹式深呼吸放松（见62页）的很好的体式。两种呼吸使练习者重新集中注意力，为下一个练习动作做好准备。本书后面的训练计划中（见197~218页），大部分的训练计划都会包含这个休息姿势动作。

起始姿势

　　从俯卧姿势起身到四肢跪地动作（见54页）。

动作步骤

1. 吸气时，延长脊柱，双脚轻轻触碰在一起。
2. 呼气时，开始屈髋，将你的臀部径直向后向下坐。
3. 保持双手在垫面上，延长手臂。尝试把坐骨放在脚后跟上，胸部靠近大腿，前额贴于垫面。（如果你觉得这样做有困难，可以弯曲手肘做动作。）
4. 吸气时，将气息带到后背和两侧肋骨，感觉胸腔逐步被打开。
5. 呼气时，彻底排空肺部，专注于将肋骨关闭。重复动作10次。
6. 最后，呼气时开始卷动你的骨盆，然后依次卷动你的脊柱回到直立的位置，最后坐回你的脚后跟。

起始姿势

手臂伸展

弯曲手肘

注意事项

→ 适当收紧核心来控制身体的中立位和动作幅度。

→ 双膝不要分得太开；大腿微微分开在胸腔下即可。

→ 延长颈部，让头部完全放松，沉向垫面，放松休息。

→ 根据你自身的柔韧性，头部下方可能需要放一个靠垫（或将头部放在折叠的手上），臀部下方也可能需要放靠垫来完成动作。

向下卷动

虽然向下卷动不算是一个真正的最新基础练习，但它非常有效，对于结束练习来说是很棒的动作。

靠墙向下卷动（难度2）

通过向下卷动系列动作可以调动你的脊柱和臀部，并且在加强背部、臀部和腿部肌肉的同时，激活你的腹部肌肉。

起始姿势

注意事项

→ 流畅地、有序地一节一节地卷动脊柱。
→ 动用你的深层内部核心来稳定脊柱。
→ 当你向下卷动时，请以点头这个动作开始。
→ 当你向上卷动时，请从骨盆后倾动作开始。
→ 请沿着身体的中心线进行卷动，不要向两侧偏离。
→ 保持身体的重量均匀地分布在双脚上。
→ 不要让你的脚产生内翻或外翻——当你踮起脚尖时，这一点尤其重要（见112页）。

起始姿势

背部靠墙站直。双脚分开与髋同宽，保持平行，与墙面离开30~60厘米，微微屈膝。确保脊柱保持自然生理曲度，骨盆在中立位上。你的后脑勺能不能贴到墙面上，这取决于你的姿势。双臂放在身体两侧，保持延伸。

动作步骤

1. 吸气时，延长颈部后侧，向前点头。
2. 呼气时，继续向前、向下卷动你的整条脊柱。将脊椎骨从墙壁上一节一节地剥离，直到你无法继续卷动，然后从髋部开始向前屈曲。
3. 深呼吸。
4. 呼气时，骨盆后倾，将脊椎骨一节一节重新贴回，使脊柱卷动回到墙上。
5. 重复动作5次。

向下卷动 动作步骤2-1

向下卷动 动作步骤2-2

更多塑形训练

无支撑向下卷动（难度3）

离开墙面站立，这样会增加练习的难度。在做这个动作时，膝盖不要锁死。

负重向下卷动

提踵向下卷动

更多塑形训练

负重向下卷动（难度3）

请选择轻重量负重——不要超过0.5千克——尽管这并没有增加太多肌肉锻炼作用，但它会带来良好的感受。

提踵向下卷动（难度4）

当你向上卷动回到站姿时，请抬起你的脚后跟，用前脚掌支撑。放下脚后跟然后向下卷动。体重增加了对小腿肌肉的锻炼以及对身体平衡性的挑战。

双臂飘起下的向下卷动

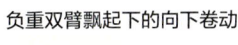

负重双臂飘起下的提踵向下卷动

负重双臂飘起下的提踵向下卷动（难度5）

将所有元素组合在一起，带来更大的挑战。

负重双臂飘起下的向下卷动

更多塑形训练

双臂飘起下的向下卷动（难度3）

向下卷动，然后重新向上卷动脊柱站直，稍作停留，做一次呼吸，然后飘起双臂。接着放下手臂，最后卷动向下。

负重双臂飘起下的向下卷动（难度4）

请选择轻重量负重，不要超过0.5千克。请注意，当你向上卷动到站直，在把双臂举过头顶之前，花一点时间来稳定自己。

注意事项 👁

→ 适当收紧核心来控制身体的中立位和动作幅度。

4 常见部位塑形练习

腹部

当你掌握了"最新基础训练"后，接下来请阅读本章节，这一部分针对的是常见的问题部位：腹部、腰部、臀部、大腿、小腿、手臂、肩膀、背部。当你可以熟练、有控制地完成这些练习时，请开始将它们添加到你的训练计划中去。一套完整全面的训练计划既要包含"最新基础训练"里的练习，也要包含本章的练习，包括上半身和下半身的。针对某个特定的问题部位，你可以增加更多的练习，但不要做得太多。在本书后面的章节里（见197~218页），你会发现许多不同时长的完整全面的训练。

经典的普拉提素来以创造出最好的腹部训练动作著称。在本章节中，你会发现这些动作的一些变式，这将充分调动你的身体，更富挑战性。但事实上，本书中的每一个练习都属于腹部训练。如果你从核心肌肉来开始动作，那你的每次练习都是在塑造你的自身内置紧身衣。

> **注意事项**
>
> → 适当收紧核心来控制你身体的中立位和动作幅度。
> → 骨盆保持稳定不动。
> → 保持腰部两侧延长。
> → 让头部完全沉于双手中。
> → 保持肩膀放松，下沉并远离耳朵。

卷腹旋体（难度2）

在本书第92页我们介绍了基础卷腹动作的许多变式。下面我们来看看，腹斜肌的一系列训练动作。它是决定你腰围的重要肌肉。

起始姿势

仰卧屈髋屈膝位（见48页）。双手交叉轻轻放在脑后，将手肘打开，位置刚好在你的视线范围内。

动作步骤

1. 吸气准备。
2. 呼气时，点头，然后颈部沿身体中线依次向上卷起。当你的头部抬起到与肩膀呈一条直线时，将你的躯干沿对角线向右侧旋转。将你左侧的肋骨指向右侧臀部。
3. 吸气时，继续向上卷动。
4. 呼气时，有控制地沿着之前对角线相反的方向，向下卷动回去。
5. 每侧重复5次。你可以在同一侧做5次动作，然后换到另一侧做5次动作；也可以左右侧交替做动作，这样重复5次，这取决于你的喜好。

起始姿势

动作步骤 2

卷腹旋体下的单膝行军踏步

卷腹旋体下的单手伸展

更多塑形训练

卷腹旋体下的单手伸展　动作步骤

卷腹旋体下的单膝行军踏步（难度3）

在卷腹动作（见93页）中，加入了下肢动作，因此，在卷腹旋体中，将做同样的操作。当你向右侧卷动时，屈右膝。你可以在同一侧做5次动作，然后换到另一侧做5次动作，也可以左右侧交替做动作，这样重复5次。

卷腹旋体下的单手伸展（难度3）

稍有不同的起始姿势和一个额外的呼吸给这个动作增加了一些挑战。在卷腹斜体下，右手托住头部开始动作，将左手举过肩膀朝向天花板，掌心朝内。当你斜向上卷起时，将左手伸向右膝盖外侧。进行一次呼吸，然后再次向远处延长，最后将手收回。保持骨盆稳定，水平不动。你可以在同一侧做5次动作，然后换到另一侧做5次动作，也可以左右侧交替做动作，这样重复5次。

卷腹旋体下的单手更多伸展（难度4）

请按照上面的动作步骤，但起始姿势中，左臂动作变为从侧面伸出，指向脑后，掌心朝内。开始卷腹旋体，然后带动你的左臂伸向右膝盖外侧。进行一次呼吸，然后再次向远处延长，最后将手臂收回卷动向下，回到起始姿势。重复动作5次，然后换另一侧手臂和另一边。

卷腹旋体下的单手更多伸展　起始姿势

卷腹旋体下的单手更多伸展　动作步骤

十字交叉卷腹（难度5）

这是一个极具挑战性的经典普拉提动作，做对很困难。它是一个极好的腹部训练，值得你花时间去做，这样可以增强你的力量和耐力。请严格按照动作步骤，以确保你以正确的卷腹起始姿势开始。请以同样地标准来完成练习。

起始姿势

仰卧屈髋屈膝位（见48页）。双手交叉轻轻放在脑后，将手肘打开，在耳朵前面，刚好在你的视线范围内。有控制地依次抬腿（每次一条腿）来到仰卧双膝行军踏步动作（见70页）。脚后跟并拢，双脚轻轻触碰，膝盖略微打开。深呼吸，然后呼气时，点头，接着依次卷动你的颈部和上半身离开垫面，来到卷腹姿势（见92页）。

> **注意事项**
>
> → 适当收紧核心来控制你身体的中立位和动作幅度。
> → 当你旋转身体时，保持卷起姿势。
> → 旋转的动作是来自肋骨和脊柱本身的。
> → 不要用力拉你的头部和颈部。
> → 全程保持骨盆稳定不动，确保你的腿部动作是从髋关节处发生的。
> → 保持腰部两侧等长地伸展。
> → 通过向两侧打开手肘，保持背部，肩膀和胸腔展开。

起始姿势-1

起始姿势-2

十字交叉卷腹　动作步骤 2

动作步骤

1. 保持卷起姿势时，吸气吸到胸腔后部。
2. 呼气时，伸直并伸展你的左腿远离你，同时转动头部和上半身向右侧，将右腿拉向你的身体。
3. 吸气时，将左腿收回，同时伸直并伸展右腿远离你，转动头部和上半身向左侧。
4. 重复动作5次。
5. 最后，有控制地将膝盖收回到髋关节上方，有控制地将上半身下落回到垫面，并将腿（每次一条腿）放回垫面。

十字交叉卷腹　动作步骤 3

起始姿势-1

起始姿势-2

单腿伸展足尖点地 动作步骤2

单腿伸展足尖点地（难度3）

经典的单腿伸展动作（见121页）既需要技巧，也需要耐力。接下来介绍的动作将是一个有效的准备动作。保持卷腹向上会帮助你获得耐力，但如果你感到任何一个部位紧张，请回到垫子上，练习常规的卷腹动作来提升你的腹部力量。

起始姿势

仰卧屈髋屈膝位（见48页）。有控制地依次抬腿（每次一条腿）来到仰卧双膝行军踏步动作（见70页），让大腿在髋臼中微微外旋，轻轻地绷脚尖。深深地吸气，当你呼气时，点头并且依次卷起颈部和上半身离开垫面，来到卷腹姿势。向前伸长你的手臂，将双手放在小腿胫骨外侧。

动作步骤

1. 吸气吸到胸腔后部，更多地卷腹卷起。
2. 呼气时，将左脚下落到垫子上。保持膝盖弯曲，让脚尖先触碰垫子，同时将左手放到右膝盖上。
3. 吸气时，保持卷腹的姿势，将你的腿抬起并收回，同时收回左手回到你的左侧小腿胫骨上去。
4. 在另一条腿和另一只手重复动作。
5. 重复动作5次后，有控制地将上半身下落回到垫面，并将脚（每次一只脚）放回垫面。

注意事项 👁

→ 适当收紧核心来控制你身体的中立位和动作幅度。
→ 保持所有的动作都是有控制的，流畅的。
→ 整个过程中，骨盆保持稳定不动，如果需要，可以把伸直的腿抬得高一些。
→ 请注意腿部动作是独立的，从你的骨盆和脊柱发生的。
→ 不要丢掉卷腹的姿势。
→ 通过手臂的带动将腿部收回，而不要将脊柱拉起来。
→ 在你落回上半身之前，请将注意力放于腹部区域。
→ 整个过程中，保持双腿微微外旋。

单腿伸展（难度4）

毋庸置疑，这个动作的完整经典版本至今仍是一个终极腹部训练。

起始姿势

仰卧屈髋屈膝位（见48页）。有控制地依次屈膝。

抬腿（每次一条腿）来到仰卧双膝行军踏步动作（见70页）。脚后跟并拢，双脚轻轻触碰，膝盖略微打开。深呼吸，然后呼气时，点头，接着依次卷动颈部和上半身离开垫面，来到卷腹姿势（见92页）。向前伸长手臂，将双手放在小腿胫骨外侧。

动作步骤

1. 保持卷起姿势时，吸气吸到胸腔后部。
2. 呼气时，左腿向前伸直，与髋关节成一条直线。同时，将左手放到右膝盖上并将右腿轻轻地屈起。
3. 继续呼气换另一条腿，右腿向前伸直，屈左腿。现在你的右手放在你的左膝上，你的左手放在左小腿胫骨外侧。
4. 每吸一次气，交换一次腿，做5次吸气动作；然后每呼一次气，交换一次腿，做5次呼气动作。这样算作一组，共作5组，做完后将双膝收回。
5. 有控制地将上部脊柱和头部落回到垫面。有控制地将脚（每次一只脚）放回垫面。

起始姿势

单腿伸展　动作步骤2

起始姿势

步骤 2

双腿伸展预备式（难度2）

练习这个动作可以帮助发展协调性和力量，这是做好完整经典版本的双腿伸展动作所必需的。它结合了胸腔闭合（见79页），肩部划圈（见84页）和仰卧单膝行军踏步（见69页），这将很好地塑造你的身体中段。

起始姿势

仰卧屈髋屈膝位（见48页）。举起双臂至肩膀高度，指向天花板，掌心朝向膝盖。有控制地单膝弯曲来到仰卧单膝行军踏步动作（见69页）。

动作步骤

1. 吸气准备。
2. 呼气时，将弯曲的膝盖伸直并与地面呈45度，同时双臂向后举过头顶来到胸腔闭合动作（见79页）。
3. 吸气时，将你的手臂从后向前，经身体两侧划圈，回到起始姿势，同时屈膝回来。
4. 一条腿重复动作4次，然后换腿。

注意事项 👁

→ 适当收紧核心来控制身体的中立位和动作幅度。
→ 保持对身体中段的控制。
→ 当你屈膝时，保持膝盖下方的空间——它应该呈一个直角。

动作步骤 3

起始姿势

双腿伸展 动作步骤 1

双腿伸展 动作步骤 2

双腿伸展（难度5）

这个动作通过移动手臂和腿部远离核心来增加挑战，如果你能掌握这一经典动作，那你的腹部力量将会是惊人的。这是一个很困难的动作，它可以发展你的力量和耐力，协调性和控制力。不用担心，我们已经让你做好了充分准备。

起始姿势

仰卧屈髋屈膝位（见48页）。有控制地依次屈膝抬腿（每次一条腿）来到仰卧双膝行军踏步动作（见70页）。脚后跟并拢，双脚轻轻触碰，膝盖略微打开。深呼吸，然后呼气时，点头，接着依次卷动你的颈部和上半身离开垫面，来到卷腹姿势（见92页）。向前伸长你的手臂，将双手放在小腿胫骨外侧。

动作步骤

1. 吸气时，保持卷起姿势，将双腿伸直，斜向上指向天花板。大腿内侧接触，腿部从髋关节处外旋。同时，将双臂举过头顶，与肩膀同宽。
2. 呼气时，弯曲双腿回来，保持脚后跟并拢，膝盖略微打开。同时，双臂从身体两侧划圈，放回到小腿胫骨两侧，收回双腿，回到起始姿势。
3. 重复动作10次后，有控制地将上部脊柱和头部下落回到垫面。将脚（每次一只脚）放回垫面。

注意事项

→ 保持所有的动作都是有控制的，流畅的。
→ 骨盆保持稳定不动，请注意腿部动作是从你的骨盆和脊柱发生的。
→ 手臂和腿部的动作同时做，在身体前方创造有拉锯感的、有长度的、开放的状态。
→ 保持卷起的姿势。
→ 专注于你的腹部区域。
→ 不要过度伸展你的手臂。

百次拍击（难度1~5）

　　这个充满活力的练习是约瑟夫·普拉提创造的普拉提动作中的核心。可以说是普拉提练习中最具有氧训练效果的动作了，它既是呼吸练习，又是腹部练习，可以促进血液循环，使心脏不断泵送血液。我们提供了5个难度等级。请按照你的进度，逐步提高训练难度。

注意事项

→ 适当收紧核心来控制身体的中立位和动作幅度。
→ 保持你的肩膀和颈部放松。
→ 呼气时，专注于肋骨的闭合。吸气时，专注于胸腔的逐渐扩张。

呼吸模式（难度1）

　　为了将大脑和身体连接，我们吸气5次，呼气5次。开始做的时候，你可以先吸气3或者4次，然后呼气3或者4次。

起始姿势

　　仰卧屈髋屈膝位（见48页）。双手放在下位肋骨上。

动作步骤

1. 深深地吸气，吸到胸腔后部和侧面，数到5。
2. 完全地呼气直到数到5。重复动作10次。如果感到头晕就停下来。

起始姿势

百次拍击：增加卷腹和手臂拍击（难度2）

起始姿势
仰卧屈髋屈膝位（见48页）。

动作步骤
1. 吸气准备。
2. 呼气时，轻轻点头并卷腹起身（见92页），抬双臂微微离开垫面。
3. 吸气数到5，保持卷腹姿势，你的双臂上下拍击5次。当你深深地向胸腔进行吸气时，请关注核心的收紧。
4. 呼气数到5，上下拍击双臂5次。
5. 重复动作10次，手臂保持不动，有控制地将上半身慢慢下落回垫面。

> **注意事项**
>
> → 保持骨盆稳定，在中立位上。
> → 保持腰部两侧等长地伸展。
> → 振臂动作是从肩关节发生的，注意不要翻你的手腕。

起始姿势

动作步骤 2

起始姿势  动作步骤 2

仰卧双膝行军踏步下的百次拍击（难度3）

起始姿势

仰卧屈髋屈膝位（见48页）。有控制地依次屈膝抬腿（每次一条腿）来到仰卧双膝行军踏步动作（见70页）。保持大腿内侧接触。

动作步骤

1. 吸气准备。
2. 呼气时，轻轻点头并卷腹起身，抬双臂微微离开垫面。
3. 吸气数到5，上下拍击你的双臂5次。
4. 呼气数到5，上下拍击你的双臂5次。
5. 重复动作10次，手臂保持不动，有控制地慢慢将上半身下落回垫面，将腿依次放回垫面（每次一条腿）。

> **注意事项**
>
> 在之前的基础上增加：
> → 适当收紧核心来控制身体的中立位和动作幅度。
> → 保持双腿并拢，不要让腿"掉"下去了。

双腿伸直下的百次拍击（难度4）

伸直双腿给你的核心肌肉带来了额外的挑战。使双腿并拢在一起也锻炼到你的大腿内侧。

起始姿势

仰卧屈髋屈膝位（见48页）。有控制地依次屈膝抬腿（每次一条腿）来到仰卧双膝行军踏步动作（见70页）。保持大腿内侧接触。

动作步骤

1. 吸气准备。
2. 呼气时，轻轻点头并卷腹起身，抬双臂微微离开垫面。同时，伸直双腿与垫面呈大约80度的夹角。保持骨盆稳定不动。
3. 吸气数到5，上下拍击双臂5次。
4. 呼气数到5，上下拍击双臂5次。
5. 重复动作10次，手臂保持不动，有控制地慢慢将上半身下落回垫面，屈双膝，然后将腿依次放回垫面（每次一条腿）。

双腿伸直下的百次拍击

注意事项 👁

在之前的基础上增加：
→ 保持骨盆稳定——这至关重要。
→ 如果你无法控制住双腿以至于骨盆开始离开中立位，你可以屈膝或者将双腿抬得高一点。

双腿伸直外旋下的百次拍击（难度5）

现在要介绍的是这一系列动作的经典版本。大腿外旋状态下会锻炼到大腿内侧和外侧，以及臀部的深层肌肉。请遵照第126页的步骤来做，但是当你抬双膝来到仰卧双膝行军踏步动作（见70页）时，从髋关节处将大腿外旋，脚后跟并拢，膝盖打开与髋同宽。当你伸直双腿时，保持这个外旋位置。

双腿伸直外旋下的百次拍击

注意事项 👁

在之前的基础上增加：
→ 尝试去关注大腿内侧的接触。
→ 呼吸到胸腔后部，这样可以帮助你每次吸气时保持卷腹卷起的姿势。

双腿菱形位下落（难度4）

这个练习的目标是锻炼腹部和臀部肌肉——做起来比看起来更难。

起始姿势

仰卧屈髋屈膝位（见48页）。有控制地依次屈膝抬腿（每次一条腿）来到仰卧双膝行军踏步动作（见70页）。双脚交叠，打开膝盖，这样你的双腿形成一个菱形。

双手轻轻抱住大腿后侧（如果你的手够不到大腿，可以使用毛巾或围巾）。吸气，然后呼气时点头，接着依次卷动来到卷腹姿势（见92页）。这就是你的起始姿势。

动作步骤

1. 吸气准备。
2. 呼气时，慢慢地放下双腿，远离身体。双腿形成的菱形被拉长。保持住腿部姿势。
3. 吸气时，感受股骨外旋，在臀部处被"包裹着"。
4. 呼气时，将双腿收回身体。
5. 重复动作10次，有控制地将上半身下落回垫面，然后将腿依次放回垫面（每次一条腿）。

起始姿势-1

起始姿势-2

动作步骤2

双手抱头下的双腿菱形位下落（难度5）

为了加强腹部肌肉的训练，双手交叉轻轻放在脑后，让身体来到卷腹动作（见92页）。

动作步骤2

注意事项 👁

→ 适当收紧核心来控制你身体的中立位和动作幅度。

→ 保持对下腹部的关注。

→ 吸气时，吸到胸腔后部，这样可以帮助你保持卷腹卷起的姿势。

→ 双腿伸出和收回时，保持骨盆的中立位。

→ 当你感受到颈部不适时，请停止动作。这说明你的腹部肌肉还不够强壮。请重新回去做卷腹动作和卷腹旋体动作（见116页），然后来尝试这个动作。

4 常见部位塑形练习

骨盆卷动系列

这一系列动作的目标是锻炼腹部肌群,以及通过一些变式来锻炼手臂肌肉。如果你已经掌握了"C"字卷曲,那么骨盆卷动这个动作将会变得简单。我们为你提供了很棒的动作变式和组合,共计9个!

起始姿势

动作步骤 1

动作步骤 2

骨盆卷动(难度3)

> **注意事项** 👁
>
> → 适当收紧核心来控制身体的中立位和动作幅度。
> → 一旦身体做好了"C"字卷曲姿势,接下来就是以骨盆卷动远离腿部为主导进行练习。
> → 保持在身体中心线上卷动。

起始姿势

坐在垫子的前端,双腿弯曲,分开与髋同宽,脚踩地。一开始,你可以把双手放在大腿后侧来支撑,但请努力尝试将手臂置于身体前侧,略低于肩膀。

动作步骤

1. 吸气时,伸长脊柱来到"C"字卷曲动作(见94页),肩膀在髋关节上方。
2. 呼气时,卷动骨盆,让尾骨向耻骨卷曲,直到你来到骨盆的后部来支撑垫面。
3. 吸气时,保持骨盆向后卷动的姿势,保持脊柱在"C"字卷曲动作,手肘弯曲。
4. 呼气时,开始点头,在"C"字卷曲动作上将脊柱向前卷动,让你的肩膀回到髋关节上方。然后,同时卷动骨盆和头部,延长脊柱回到直立位。
5. 重复动作5次。

骨盆卷动之单腿滑行（难度3）

加入了腿部动作增加了这个练习的难度。

起始姿势

与骨盆卷动起始姿势（见130页）一样，手臂伸出向前。

动作步骤

请按照骨盆卷动（见130页）的动作步骤1~3做出动作。

4. 呼气时，让一条腿滑向髋关节方向（不用滑行得太远）。
5. 吸气时，将腿滑行回到起始姿势。
6. 每条腿重复动作3次，然后卷动骨盆回来。

动作变式 如果你需要，你可以在脚步绑一根弹力带来帮助你。

骨盆卷动之单腿滑行

骨盆卷动之双腿滑行（难度4）

这个动作增加了更大的挑战！

我相信你已经猜到接下来会发生什么了……

动作步骤

请按照第130页骨盆卷动的动作步骤1~3做出动作。

4. 呼气时，将双腿滑动向身体靠近。
5. 吸气时，将双腿滑动回到起始姿势。你需要更多地收紧你的核心。

骨盆卷动之行军踏步（难度4）

这些都是非常有难度的动作，你可以根据自身情况在动作与动作之间增加休息。这里的注意事项是适用于所有骨盆卷动动作变式的。

起始姿势

与骨盆卷动的起始姿势（见130页）一样，手臂伸出向前。

起始姿势

动作步骤 2～3

动作步骤

请按照第130页骨盆卷动的动作步骤1～3做出动作。

4. 呼气时，将一条腿屈膝向身体收回。
5. 吸气时，换另一条腿。
6. 每条腿重复动作3次，然后卷动骨盆回来，参照第130页。

骨盆卷动之行军踏步

骨盆卷动之单膝屈伸（难度5）
膝盖的屈与伸使这个动作难度升级，带来了更多挑战。

注意事项

→ 适当收紧核心来控制你身体的中立位和动作幅度。
→ 在所有骨盆卷动系列练习中，请确保在"C"字卷曲状态下，脊柱的延长。
→ 整个过程中，保持脚始终在垫面上。

起始姿势

骨盆卷动之二头弯举

骨盆卷动之二头弯举（难度4）

接下来我们增加了负重来锻炼手臂。你需要阻力小的长的弹力带，或两个小哑铃，最初每个小哑铃不要超过0.5千克。

起始姿势

在垫子上坐直，参见骨盆卷动动作（见130页）。每只手拿一个哑铃或者将弹力带绑在脚上，然后每只手牢牢抓住弹力带一端。掌心朝上，肩部打开。

动作步骤

请按照第130页骨盆卷动的动作步骤1～3做出动作。

4. 呼气时，双手肘弯曲做二头弯举动作，并保持骨盆向后卷动的姿势。
5. 呼气时，伸直你的双臂。
6. 吸气时，骨盆向上卷动回来。
7. 重复动作6次。如果你喜欢，可以在骨盆向后卷动的姿势下，多做几次二头弯举，然后骨盆向上卷动回来。

骨盆卷动之二头弯举同时单腿滑行（难度4）

动作难度升级，既要卷动，又要滑行。

> **注意事项** 👁
> → 适当收紧核心来控制身体的中立位和动作幅度。

骨盆卷动之划船预备式（难度4）

这个动作的目标肌肉还是二头肌，当然还包括腹部。它是从普拉提工作室中使用万能滑动床（普拉提床）来训练手臂动作为基本元素变形过来的。你需要一条阻力小的长的弹力带，或两个小哑铃，最初每个小哑铃不要超过0.5千克。

起始姿势

动作步骤 4

起始姿势

与骨盆卷动的起始姿势（见130页）一样，手持哑铃或弹力带，伸出双臂略比肩低，在身体前方环抱，手肘弯曲，掌心朝向自己。

动作步骤

请按照第130页骨盆卷动的动作步骤1～3做出动作。

4. 呼气时，弯曲手肘，将手掌拉向身体。
5. 吸气时，保持姿势。
6. 呼气时，将骨盆向上卷动，使手臂回到起始姿势。
7. 重复动作6次。你可以在骨盆向后卷动的姿势下，做更多的肩膀屈伸的动作，然后骨盆向上卷动回来。

骨盆卷动之划船变式　　　　　　　　　　　骨盆卷动之划船预备式的旋转

骨盆卷动之划船变式（难度4）

　　这个动作变式锻炼到你的大臂和肩膀的后侧，当然还包括腹部。你需要一条阻力小的长的弹力带，或两个小哑铃，最初每个小哑铃不要超过0.5千克。

起始姿势

　　与骨盆卷动的起始姿势（见130页）一样。

动作步骤

　　请按照第130页骨盆卷动的动作步骤1~3做出动作。

4. 吸气时，打开双臂向两侧（如果你使用的是弹力带，轻轻拉住弹力带向后），你的肩胛骨会向中间靠拢。
5. 呼气时，将双臂收回到起始姿势。
6. 吸气时，骨盆向上卷动回来。
7. 重复动作6次。

骨盆卷动之划船预备式的旋转（难度5）

　　这个动作变式能锻炼到你的腹斜肌，所以它能决定你的腰围。使用弹力带会降低动作难度，但如果你有足够强壮的腹肌，那么你也可以不使用。你需要一条阻力小的长的弹力带，或两个小哑铃，最初每个小哑铃不要超过0.5千克。

起始姿势

　　与骨盆卷动的起始姿势（见130页）一样，伸出双臂在身体前方，略比肩低，掌心朝内，手肘弯曲，肩膀打开。

动作步骤

　　请按照第130页骨盆卷动的动作步骤1~3做出动作。

4. 呼气时，打开右手臂，同时将身体躯干转向右侧。
5. 吸气时，将身体转回面向前方；手臂也同身体一起回来。
6. 每侧重复动作5次，然后呼气时，骨盆向上卷动回来。

起始姿势

骨盆卷动之旋转和行军踏步

骨盆卷动之旋转和行军踏步（难度6）

没错，我们已经花了好几个小时锁在房间里想了各种方法来挑战你！

起始姿势

与骨盆卷动的起始姿势（见130页）一样。

动作步骤

请按照骨盆卷动的动作步骤1~3做出动作。

4. 当你转向右侧，将左脚抬离垫面。
5. 将左脚放回垫面，然后身体回正，再将身体躯干转向左侧，将右脚抬离垫面。
6. 将右脚放回垫面，然后身体回正。
7. 重复动作5次，呼气时，骨盆向上卷动回来。

骨盆卷动之旋转和单膝屈伸（近难度7）

如果你想增加难度，可以伸直弯曲的膝盖。

> **注意事项** 👁
>
> → 适当收紧核心来控制身体的中立位和动作幅度。

腰部

所有的腹部训练也都会锻炼到腰部，但在这一章节，我们会进一步塑造它。为了锻炼腰部肌肉，需要通过卷动、伸展、扭转和抬起动作，来锻炼腹斜肌以及使脊柱向侧面屈曲的肌肉。

侧面扭转系列

侧面扭转预备式（难度3）

这是该系列的第一个动作，目标部位是腰部和肩膀。

起始姿势

起始姿势

右侧卧，屈右肘，手肘在肩膀正下方，小臂指向身体前方。接着你可以根据舒适程度，选择屈膝使大腿与髋关节在一条直线上，也可以选择屈膝使双脚与脊柱在一条直线上（如蚌式开合动作，见87页）。大腿内侧靠拢，沿着左腿延长你的左臂。

动作步骤

1. 吸气准备，将骨盆抬离垫面，使身体躯干呈一条对角线。同时，将左臂抬起，举过头顶。
2. 呼气时，将骨盆和髋关节有控制地放下，回到起始姿势。
3. 两侧重复动作5次。

动作步骤1

> **注意事项**
>
> → 适当收紧核心来控制身体的中立位和动作幅度。
> → 保持身体延长呈一条直线。
> → 全程中保持双腿有意识地靠拢。

起始姿势

动态侧面扭转预备式　动作步骤 2-1

动态侧面扭转预备式　动作步骤 2-2

动态侧面扭转预备式（难度4）

这是一个很有趣的练习，它可以锻炼到你的腰部、大臂、肩膀、臀部和髋关节。它挑战你核心稳定性，对你的平衡性也有帮助（一开始你可能会晃动）。当你第一次尝试这个练习时，你会发现有很多要点，所以你需要仔细研究书中的练习图片，并反复阅读动作步骤和注意事项。

起始姿势

四肢跪地（见54页）。停留一下去检查你的双手是否在肩膀正下方，双膝是否在髋关节正下方，脊柱是否延长。

动作步骤

1. 吸气准备，将身体重心转移到左侧手和膝盖上。
2. 呼气时，将身体扭转向右侧，同时伸直右腿指向远处，右脚在地面上滑行与身体呈一条直线。做到这一点，可能需要你旋转一下膝盖。抬起你的右臂与肩膀在一条直线上。
3. 吸气时，保持身体延长，面向前方。
4. 呼气时，有控制地回到起始姿势。
5. 重复动作5次，然后换另一侧。

> ### 注意事项 👁
>
> → 适当收紧核心来控制身体的中立位和动作幅度。
> → 始终保持你的侧腰延长。
> → 保持你的头部与脊柱在一条直线上。
> → 在动作的每一个步骤上都要确保身体处在中立位上。

动态侧面扭转预备式2 动作步骤2

动态侧面扭转预备式3 动作步骤4

动态侧面扭转预备式2（难度5）

起始姿势
与动态侧面扭转预备式的起始姿势一样。

动作步骤
请按照动态侧面扭转预备式的动作步骤1做出动作。
2. 当你扭转身体躯干时，抬起身体上方的手臂并举过头顶，与你的身体躯干在一条直线上，从手指到脚趾保持延长。
3. 吸气时，保持身体的延长感。
4. 呼气时，有控制地回到起始姿势。
5. 每一侧重复动作5次，然后换另一侧。

动态侧面扭转预备式3（难度5）
这是一个严峻的挑战。

起始姿势
与动态侧面扭转预备式的起始姿势一样。

动作步骤
请按照动态侧面扭转预备式的动作步骤1~3做出动作。
4. 呼气时，将身体上方的腿抬起到髋关节高度，与身体在一条直线上。现在用你的手，膝盖和下方的腿保持平衡。请保持核心收紧。
5. 吸气时，将抬起的腿放下，手臂划圈回来。
6. 呼气时，有控制地回到起始姿势。
7. 每侧重复动作5次。

侧踢系列

侧卧单腿划圈（难度3）

在侧卧练习中，你可能会认为全都是在锻炼腿，但事实上你的腰部也必须努力工作来保持身体稳定。在练习时，将手放在腰部，你会感受到腰部肌肉在工作。难怪人们常说普拉提是一项从头到脚的综合训练。

注意事项

→ 适当收紧核心来控制你身体的中立位和动作幅度。
→ 划圈幅度为30～40厘米。圈的中心应该与你的髋关节在一条直线上。
→ 保持腰部抬起，两侧均匀伸展。
→ 保持胸腔打开，视线看向前方。
→ 全程中，骨盆保持稳定不动。

起始姿势

右侧卧来到侧卧座椅式（见57页），肩膀对肩膀，髋关节对髋关节，脚踝对脚踝。左手放在身体前方，微微屈肘支撑身体。

动作步骤

1. 吸气准备。
2. 呼气时，将上方腿抬起并伸直，然后下放至与地面平行，这样它就与髋关节同高，与脊柱在一条直线上。微微绷脚尖。
3. 吸气时，开始将上腿进行划圈。向前，向上，向后，向下，然后回到起始姿势。
4. 呼气时，沿着相同方向再划圈。
5. 在同一方向上，划圈5次（一个呼吸划一圈），然后换方向。重复动作10次，然后转身在另一侧重复动作。

起始姿势

侧卧单腿划圈

鱼雷预备式（难度3）

这是我个人最喜欢的练习之一，它真的很有效果。你会切身感受到你的腰部在维持你的稳定。

起始姿势

身体右侧卧呈一条直线，肩膀对肩膀，髋关节对髋关节，脚踝对脚踝。双腿延长，你可以选择将双腿保持与脊柱在一条直线上，也可以将腿微微向前与身体形成一点角度，保持双腿平行，微微绷脚尖。将右臂放于头部下方，延长与脊柱在一条直线上。左手放在胸腔前方的垫面上，微微屈肘支撑身体。

注意事项

→ 适当收紧核心来控制身体的中立位和动作幅度。
→ 抬腿时，腿部要延长。
→ 腰部两侧等长地伸展。
→ 注意防止脊柱向前或向后卷动。
→ 保持腿部平行，膝盖向前。
→ 在同一个点抬起或放下腿，不要前后移位。
→ 保持胸腔打开，视线看向前方。

动作步骤

1. 吸气准备。
2. 呼气时，保持骨盆不动的情况下，将上方腿尽量抬高。
3. 吸气时，将下方腿抬高与上方腿靠拢。
4. 呼气时，双腿用力收紧状态下，放下双腿。

起始姿势

动作步骤 2

动作步骤 3

更多
塑形训练

鱼雷式（难度3）

请按照鱼雷预备式的起始姿势做动作。

1. 吸气准备。
2. 呼气时，请同时抬起双腿，保持大腿内侧靠拢。
3. 吸气时，有控制地放下双腿。

虽然将双腿同时抬起会更难一些，但我们还是将这个动作定为3级难度，因为它对于稳定性的挑战与鱼雷预备式相似。

鱼雷式下的俯卧弯腿（难度4）

请按照鱼雷式的动作步骤1~2做出动作。

3. 依旧呼气，有控制地弯曲双膝，大腿后侧肌群弯曲。
4. 吸气时，将双腿伸直，有控制地放下双腿。

鱼雷式下的双腿抬起

鱼雷式下的双腿抬起（难度4）

请按照鱼雷式的动作步骤1~2做出动作。

3. 吸气时，下方腿保持不动，微微将上方腿抬得更高些。
4. 呼气时，抬起下方腿去靠近上方腿，大腿内侧靠拢。
5. 吸气时，双腿用力收紧状态下，有控制地放下双腿回到垫面。
6. 重复动作10次，然后换另一边。

鱼雷式下的双臂双腿抬起（难度5）

增加另一个挑战，伸展双臂并举过头顶。

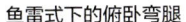

鱼雷式下的俯卧弯腿

鱼雷式下的双臂双腿抬起

手臂和肩部

在本书的这一章节中,我们整理了各式各样的训练方法来锻炼你的上臂,除了利用身体自重,还使用弹力带和哑铃。

四肢跪地之飞鸟(难度3)

这里我们将桌面式动作(见74页)和桌面式之飞鸟动作(见145页)相结合。当进行身体单侧练习时,动作的难点在于将身体维持在中心位置上,不扭转。这意味着你的腹斜肌必须更加努力工作,这锻炼到你的腰部,同时也锻炼到手臂和上半身(当你抬腿时,还会锻炼到臀部)。你需要两个较轻的哑铃,不要超过0.5千克。

起始姿势

四肢跪地动作(见54页),每只手各拿一个哑铃,掌心相对。此时,你会以指关节作为支撑。(如果你感到不适,可以将哑铃放在手边,到使用的时候再拿起来。)

动作步骤

1. 吸气,让身体做好运动的准备。
2. 呼气时,向侧边打开手臂来到飞鸟动作。让手臂延长,保持自然生理曲度。
3. 吸气时,回到起始姿势。
4. 每只手臂重复动作8次。

> **注意事项**
>
> → 适当收紧核心来控制身体的中立位和动作幅度。

起始姿势

四肢跪地之飞鸟 动作步骤2

注意事项 👁

→ 手臂以平滑的弧线滑到身体的一侧。
→ 不要把手臂抬得太高。
→ 身体保持稳定不动，特别是腿部抬起的时候。

桌面式之飞鸟

桌面式之飞鸟（难度4）

为了使动作更具挑战性，我们减少了你的身体支撑面。将一条腿沿着垫面向远处滑行，与髋关节在一条直线上（与桌面式动作一样，见74页），然后抬起对侧的手臂来到飞鸟动作。保持微微踮起的脚尖始终在垫面上。保持骨盆和脊柱稳定不动。保持脚在垫面上。

每只手臂重复飞鸟动作4次，然后将腿滑行回到起始姿势。然后换另一侧手臂和另一条腿。

桌面式之手臂负重和单腿抬起（难度5）

当你觉得准备充分的时候，可以在桌面式之飞鸟动作下抬起一条腿，以此来挑战你的平衡性和核心稳定性。

更多塑形训练

桌面式之手臂负重和单腿抬起

4 常见部位塑形练习

墙式俯卧撑（难度2）

这是一个非常轻柔但很高效的锻炼手臂的动作，它也是双膝跪地俯卧撑（见150页）非常好的准备动作。

起始姿势

面向墙壁站直，离开墙壁的距离保持在只有指尖可以触碰到墙。双臂分开略比肩低，双脚分开与髋同宽。

动作步骤

1. 吸气准备。
2. 呼气时，依次转动手腕、小臂，弯曲手肘，使身体向墙壁倾斜。保持躯干整体移动，身体挺直。
3. 吸气时，保持姿势。
4. 呼气时，将身体推回到起始姿势。
5. 重复动作8次。

> **注意事项**
>
> → 适当收紧核心来控制身体的中立位和动作幅度。
> → 保持身体延长，有力；身体中段不要塌下来，保持肋骨收紧。
> → 手肘弯曲向下，但保持锁骨打开。
> → 保持你的头部和颈部与身体其他部位在一条直线上。
> → 以足部的踝关节为支点来完成动作。

起始姿势　　　　动作步骤2-1　　　　动作步骤2-2

起始姿势

单臂墙式俯卧撑（难度3）

这个版本的动作使手臂（以及核心）更多地参与工作，增加了力量训练的效果。练习时保持身体在中心位置不扭转很重要。正如单臂猫式伸展动作（见96页）一样，在开始和结束动作时，选择双手版本的动作，可以帮助你保持平衡。

起始姿势

与墙式俯卧撑（见146页）的起始姿势一样，但这次只有一只手触碰墙壁。另一只手环抱在肋骨上或放在身后。检查一下手臂与墙壁呈直角。

动作步骤

请按照墙式俯卧撑的所有动作步骤完成动作，每侧手臂重复动作8次。

注意事项 👁

→ 你可以将手肘向外侧打开一些，将手微微向内侧转一些，来保持手部，腕部以及肩膀的中立位，这样会更舒服。

→ 确保你的锁骨打开。

→ 保持颈部后侧延长。

→ 将身体重量微微偏向手指的外侧缘，来更多激活肩膀的深层肌肉。

→ 保持肩部稳定；不要让肩胛骨牵引或者上提。

前拉腿预备式（难度4）

这是一个从头练到脚的普拉提动作。不要把它看成是一个"支撑"练习——它不是平板支撑。你通过控制身体的中立位和动作幅度来锻炼肌肉力量。你可能需要打开你的调光开关（见64页）来防止你的骨盆和脊柱向垫面倾斜。

起始姿势

起始姿势

四肢跪地（见54页）。

动作步骤

1. 吸气准备。
2. 呼气时，沿着垫子滑出右腿与髋关节在一条直线上。脚趾踩地，将身体重量放在脚掌上。保持身体躯干稳定，但你可能需要稍微转移重心来保持身体在中心位上。
3. 吸气时，滑出左腿，向远处延伸。
4. 呼气时，检查你的身体重量均匀地分布在手部和腿部之间。
5. 吸气时，脚后跟向后踩，身体躯干也同时向后移动。身体从头到脚形成直线。

动作步骤 2

6. 呼气时,将你的身体躯干再次向前移动,肩膀来到手腕正上方。
7. 重复动作3次,然后吸气时,弯曲左膝,将腿滑行回来。
8. 呼气时,弯曲右膝,将腿滑行回来,回到起始姿势。
9. 重复这个动作4次,然后换另一条腿开始动作。

动作步骤 3

注意事项

→ 适当收紧核心来控制身体的中立位和动作幅度。
→ 当你脚后跟向后踩向垫面时,头顶继续向远处伸展。
→ 保持肩胛骨贴在胸腔后侧。将身体重量从手臂上移开,保持胸腔打开。
→ 全程保持手臂和腿部充分地延长,手肘和膝盖都不要锁死。

动作步骤 4 和 5

双膝跪地俯卧撑（难度3）

加入了普拉提运动原则后，将这个在健身房非常流行的动作的有效性发挥到最大。

起始姿势

四肢跪地（见54页）。

动作步骤

1. 吸气准备。
2. 呼气时，弯曲手肘向后，将你的上半身向垫面降低，保持身体在一条直线上。
3. 吸气时，保持姿势。
4. 呼气时，慢慢伸直手肘，将身体带回到起始姿势。
5. 重复动作10次。

单臂双膝跪地俯卧撑（难度4）

这个动作在身体保持平衡，不扭转身体躯干上增加了挑战。

以三点跪地动作（见55页）为起始姿势，请按照双膝跪地俯卧撑完成动作，每只手臂重复动作5次。

> **注意事项**
>
> → 适当收紧核心来控制身体的中立位和动作幅度。

起始姿势

单臂双膝跪地俯卧撑　动作步骤 1

动作步骤 2

单臂双膝跪地俯卧撑　动作步骤 2

手臂负重练习系列

仰卧悬臂二头弯举、仰卧推胸、仰泳手臂练习、飞鸟（难度2）

这一系列的动作依次针对大臂，肩膀和胸部肌肉。我们还忍不住增加了一个锻炼大腿内侧的附加选项。你需要一个靠垫和两个小哑铃。最初不要超过0.5千克，当你可以很好地掌握4个动作中的所有技巧后，可以逐渐增加负重。特别注意在仰泳手臂练习动作（见152页）中，不要负重太重。

注意事项

→ 适当收紧核心来控制你身体的中立位和动作幅度。
→ 控制住你的肩部，使它们保持稳定。
→ 全程中确保锁骨打开。
→ 当你感到无法正确做出动作时，请减少动作次数或减少负重。

起始姿势

仰卧屈髋屈膝位（见48页），双臂置于身体两侧，手拿哑铃，掌心向前。在大腿间放一个小靠垫，然后轻轻挤压它。全程中大腿内侧保持轻轻挤压靠垫。

仰卧悬臂二头弯举

动作步骤

1. 吸气准备，将双臂延长并微微从垫面抬起。
2. 呼气时，将双肘向肩膀方向弯曲。大臂仍旧悬空抬离垫面。
3. 重复二头弯举动作5次。

仰卧悬臂二头弯举　动作步骤 1

仰卧悬臂二头弯举　动作步骤 2

仰卧推胸 动作步骤2

仰卧推胸
动作步骤

1. 吸气时，掌心转向下方。
2. 呼气时，将双手抬高，保持肩膀稳定，锁骨和肩膀打开（想象双臂沉肩动作见78页）。
3. 吸气时，弯曲手臂，肘关节向身体两侧打开，与肩膀在一条直线上。
4. 呼气时，推手臂向上。
5. 吸气时，向身体两侧打开手肘（但不触碰垫面）。
6. 重复动作5次。

仰卧推胸 动作步骤3

仰泳手臂练习
动作步骤

1. 当你完成了推胸动作后，将手臂收回至双臂沉肩动作（见78页）掌心转向下方。
2. 呼气时，将一条手臂抬起举过头顶向后朝向地面，另一只手臂下落放在身体一边，朝向垫面。
3. 吸气时，将双手同时收回至起始姿势。重复动作5次。

仰泳手臂练习 动作步骤2

飞鸟
动作步骤

1. 暂停片刻，将掌心朝内。
2. 吸气时，向身体两侧打开双臂来到飞鸟动作，微微屈肘，弯曲手臂。
3. 呼气时，将手臂向上拉回。
4. 重复动作5次。
5. 最后，回到起始姿势，手臂放回身体两侧，掌心向上。将这一练习系列再做一遍。重复这一练习系列2遍。

飞鸟 动作步骤2

飞鸟 动作步骤3

起始姿势

二头上推　动作步骤 1

站姿手臂负重练习系列（难度3）

这是为你准备的另一个练习系列。我们将锻炼到肱二头肌、肱三头肌和肩部肌肉。一开始手部位置的改变会使动作难度增加，这样做的目的是锻炼到手臂和肩膀的不同肌肉。你需要两个较轻的哑铃——一开始不要超过0.5千克——需要举过头顶。注意：不同的起始姿势会改变动作的难度。

起始姿势

平行站姿（难度3，见58页），普拉提站姿（难度3，见60页），普拉提深蹲（难度4，见154页）或者动态弓箭步（难度5，见155页，记得要换腿）。手拿哑铃放在身体两侧，掌心朝内，来，开始动作。

二头上推
动作步骤

1. 吸气时，屈手肘，将哑铃举向肩膀方向，掌心朝向身体，来到二头弯举动作。
2. 呼气时，伸直双臂举过头顶，翻转掌心相对。
3. 吸气时，再次屈手肘，手臂下落回到肩膀处，掌心朝向身体。
4. 呼气时，伸直双臂，放回到身体两侧，来到起始姿势。

> **注意事项** 👁
>
> → 适当收紧核心来控制身体的中立位和动作幅度。

胸部扩展

动作步骤

1. 暂停片刻，然后将掌心朝后。
2. 吸气时，手臂向后，在骨盆不动的前提下，尽可能将手臂向后伸展。
3. 依旧吸气，转头向左，从身体中心转动，然后转头向右。
4. 呼气时，从身体中心转动，转动头部回到正中，然后延长手臂向前，将手臂收回到身体两侧。
5. 重复整个二头上推和胸部扩展动作5遍，每次将头部转向不同的方向来开始动作。在动态弓箭步动作中，重复动作2次，然后换腿。

> **注意事项**
>
> → 适当收紧核心来控制身体的中立位和动作幅度。
> → 全程中保持双脚踩实地面，所有脚趾在地面上。
> → 控制肩膀保持稳定，锁骨打开。
> → 在胸部扩展动作中，做深呼吸，保持这次呼吸直到你完成颈部转动。
> → 当手臂向后伸展或者举过头顶时，不要摇晃身体。

胸部扩展　动作步骤 1

胸部扩展　动作步骤 2

胸部扩展　动作步骤 3

普拉提深蹲下的手臂负重练习（难度4）

动态弓箭步下的手臂负重练习（难度5）

臀部和腿部

如果一本塑形的书没有臀部和腿部的内容,那这本书是不完整的。臀部和腿部是女性天生储存多余脂肪的部位,但这并不意味着它们就会变得松弛。我们都喜欢圆润结实的臀部以及修长的腿。经常做这些练习你将会得到。

双腿上提下压(难度1)

我们在这里做这个练习是为了给你的腿部做热身,特别是你的小腿和脚踝,为接下来的练习做准备。你可以在台阶上练习,这样腿部就有了向下的空间,这是有帮助的,但不是必须的,它增加了额外的伸展。如果在楼梯上练习,请抓住栏杆进行练习。

起始姿势

站直,双脚平行。如果站在台阶上,保持脚趾和前脚掌牢牢踩在台阶上,脚后跟悬在台阶外。请抓住栏杆。

动作步骤

1. 吸气时,从头顶开始向上伸展。
2. 呼气时,屈双膝,将双膝推向正前方,在髋关节和膝关节处屈曲。
3. 吸气时,保持膝盖屈曲,脚掌转动,抬起脚后跟。
4. 呼气时,伸直双腿,保持脚后跟抬起。
5. 吸气时,放下脚后跟,依旧保持从头顶开始向上伸展身体。如果在台阶上,在台阶边缘放下脚后跟,可以给小腿带来额外的伸展。
6. 重复动作10次。

起始姿势

动作步骤 2

动作步骤 3

动作步骤 4

台阶原地行走（难度1）

这是另一个锻炼脚踝和小腿的练习，与工作室中的万能滑动床（见135页）上的行走步伐相似。

起始姿势

与双腿上提下压起始姿势一样。

动作步骤

1. 全程保持自然呼吸，双脚抬起脚后跟，然后弯曲一条腿的膝盖推向正前方，同时放下另一条腿的脚后跟进行伸展。
2. 然后转移身体重心换另一条腿，这个过程中一直想象从头顶向上延伸。腰部两侧均匀地延长，不要扭动。

增加双臂飘起（难度4）

如果你不是在台阶上练习，可以在抬起脚后跟的同时增加双臂飘起，来挑战你的平衡性。

> ### 注意事项
>
> → 适当收紧核心来控制身体的中立位和动作幅度。
> → 想象你的身体的三部分重量——头部、胸腔、骨盆，将它们保持在一条直线上。不要撅屁股，也不要把尾骨缩进去。
> → 确保你的膝盖或脚踝既不内翻也不外翻。
> → 为了保持身体中立位，可以想象从脚踝内侧，然后是膝盖和大腿内侧，沿着脊柱最后来到头部，来延展身体向上。

双腿上提下压 动作步骤5

台阶原地行走

增加双臂飘起

臀桥系列

基础臀桥（难度2）

臀桥是非常好的塑形练习动作——当然我们还是忍不住加了一些新花样来挑战你。

起始姿势

仰卧屈髋屈膝位（见48页），最好不要在头下垫枕头或毛巾。如果有一个枕头会更舒服的话，选择一个平整的。

动作步骤

1. 吸气准备。
2. 呼气时，将你的膝盖推出去远离身体，从垫面上抬起你的臀部，再一次性地抬起脊柱直到身体形成一条长长的对角线。
3. 吸气，保持姿势。
4. 呼气时，将脊柱整体下落回垫面。
5. 重复动作10次。

动作步骤2

注意事项

→ 适当收紧核心来控制身体的中立位和动作幅度。
→ 注意不要卷曲脊柱，让它成为一个整体运动。
→ 当你抬起髋关节时，将你的膝盖推出去。
→ 身体重量均匀地分布在脚上。
→ 注意臀桥幅度不要太高。
→ 骨盆保持水平，胸部两侧伸展。

起始姿势

弹力带臀桥　动作步骤1

弹力带臀桥　动作步骤2

弹力带臀桥（难度3）

弹力带增加了阻力，你的肌肉需要更加努力地工作。检查弹力带的松紧度，使你既可以把臀桥做起来，还能给你足够的阻力，让你的臀部得到更多的锻炼。

将弹力带绕在手上，拇指抓住。一开始，请尝试将手放在垫面上……为了更多的挑战，将双手在垫面飘起！

然后按照所有基础臀桥的动作步骤，见158页。

臀桥之腿部伸展（难度4）

臀桥中臀部抬起后，伸直一条腿。然后再次屈膝，接着换另一条腿重复。如果需要可以增加呼吸次数。每条腿重复3次然后将身体落回（骨盆必须保持水平）。

臀桥之行军踏步（难度4）

行军踏步动作大大增加了对核心的挑战。保持骨盆水平并且抬高，感受臀部和腰部肌肉发力。将脚放回地面后将身体落回。

臀桥之腿部伸展

臀桥之行军踏步

踮脚尖臀桥（使用弹力带）

踮脚尖臀桥

踮脚尖臀桥（难度3和难度4）

难度3，先做臀桥将臀部抬起，然后抬起脚后跟，踮起脚尖。放下脚后跟，最后身体落下。

难度4，先踮起脚尖，然后做臀桥将臀部抬起，然后再保持脚尖踮起，直到身体落下。

单腿臀桥（难度4）

为了更多地刺激到臀肌，在起始姿势时，弯曲一条腿的膝盖将脚踝架在另一条腿的膝盖上。在做臀桥前，保持骨盆水平。这样可以拉伸屈膝的那一侧，也锻炼到了支撑的那一侧。还可以使用弹力带增加难度。

单腿臀桥 1

单腿臀桥 2

踮脚尖单腿臀桥（使用弹力带）

踮脚尖单腿臀桥

踮脚尖单腿臀桥（难度5）

正当你觉得没有更难的动作变式的时候……请按照单腿臀桥的所有动作步骤做出动作，然后在臀部抬起后踮起脚尖。当你掌握了这个之后，请改变为先踮起脚尖，然后抬起臀部做臀桥。

> **注意事项** 👁
>
> → 适当收紧核心来控制身体的中立位和动作幅度。
> → 全程中保持腰部两侧均匀地延长；通过大脚趾的底部，小脚趾的底部以及脚后跟的中心部位来使支撑脚踩实地面。

后拉腿系列

背桥（难度3）

后拉腿的一系列练习使你从头到脚都能得到锻炼。将这些练习放在本书的手臂部分还是臀部部分实在很难决定，因为它们都能锻炼到这两个部位。

我们从背桥动作开始这一系列练习，这个动作可以帮助你为后拉腿预备式（见166页）做好准备。

起始姿势

在垫面上坐直，屈膝在身体前方，双脚分开与髋同宽，平放在地面上。双手放在身体两侧，与肩膀呈一条直线，手掌平放在垫子上，指尖向前。根据你手臂和身体的长度，你可能需要微微屈肘。确保你在一个延展的姿势上，肩膀是打开的。

动作步骤

1. 吸气准备。
2. 呼气时，从垫面上将臀部抬起，将髋关节推向天花板，膝盖向前。
3. 吸气时，保持姿势。
4. 呼气时，有控制地下落。
5. 重复动作10次。

起始姿势

动作步骤 2

背桥之行军踏步（难度4）

在背桥（见162页）动作基础上，弯曲一条腿的膝盖。然后放下这条腿，再将身体落下。保持身体中立位。每条腿重复动作3次，然后将身体落下。你也可以在保持臀桥的姿势时，交换支撑腿。

背桥之单膝屈伸（难度5）

为了增加额外的挑战，将弯曲的膝盖伸直。然后弯曲膝盖，把脚放回地面，最后有控制地将身体落下。每条腿重复动作3次。

> **注意事项**
>
> → 适当收紧核心来控制身体的中立位和动作幅度。
> → 全程中臀部保持抬起，不要垂下来。
> → 从头顶开始延长，肩膀不要塌下去。

背桥之单膝屈伸和下落（难度6）

为了增加额外的挑战，在保持骨盆不动的情况下，将伸直的腿下落到地面，尽可能地降低。然后屈膝收回，放下脚后换另一条腿。每一侧重复动作3次，然后将臀部下落回垫面。

注意事项

→ 适当收紧核心来控制身体的中立位和动作幅度。
→ 从大腿后侧发力，推动伸直的腿。
→ 保持骨盆不动。
→ 确保肩膀没有塌下去，保持上抬。

单腿背桥（难度5）

这个动作的目标肌肉是深层臀部肌肉。可以锻炼到支撑腿的那一侧，同时也拉伸到屈膝的那一侧。

起始姿势

与背桥动作（见162页）起始姿势一样，弯曲一条腿的膝盖将脚踝架在另一条腿的膝盖上。保持骨盆水平。

动作步骤

1. 吸气准备。
2. 呼气时，抬起臀部做臀桥动作。
3. 吸气时，身体落回到起始姿势。
4. 每条腿重复动作5次。

起始姿势

单腿背桥　动作步骤 2

> **注意事项**
> → 保持骨盆水平。
> → 腰部两侧等长地伸展。

弹力带背桥

你可以将弹力带绑在骨盆上来练习各种背桥的变式动作，这需要臀部更多地发力，增加了肌肉锻炼的效果。手压住弹力带的末端，确保弹力带的松紧度合适，让你可以抬起臀部完成背桥的动作。弹力带提供适当的阻力，但不能阻碍你完成动作。

更多塑形训练

后拉腿预备式（难度5）

这是一个有挑战性的练习，需要很强的控制力和力量来保持躯干的稳定，同时它可以激活髋关节，并能伸展周围的肌肉和加强肌肉的力量。背桥动作（见162页）已经为你做好了准备。

起始姿势

在垫面上坐直，伸直双腿在身体前方，大腿内侧靠拢，微微绷脚尖。双手放在身体后方，手掌平放在垫子上，指尖指向身体方向。

起始姿势

动作步骤

1. 吸气准备，用你的手臂来支撑身体重量。
2. 呼气时，从垫面将骨盆抬起，使身体躯干与腿部形成一条对角线。此时，你的手部和脚后跟承担身体重量。延长你的骨盆和脊柱来到中立位，但你的视线始终看向前方。
3. 吸气时，有控制地落下身体。
4. 重复动作8次。

注意事项 👁

→ 适当收紧核心来控制身体的中立位和动作幅度。

后拉腿预备式　动作步骤2

后拉腿（难度6）

这是本系列练习中的经典动作，极具挑战性。

动作步骤

按照后拉腿预备式动作（见166页）中的动作步骤1和步骤2做出动作。

3. 吸气时，保持左腿伸直，径直将它抬起。保持骨盆和脊柱稳定不动。
4. 呼气时，勾起左脚脚尖并有控制地将左腿下落。你的左脚轻触垫面，不要用力。
5. 左腿微微绷脚尖，重复向上抬腿，向下落腿3次。然后右腿重复动作3次。
6. 最后，有控制地将骨盆下落回垫面完成动作。

注意事项

- 保持骨盆水平、稳定，脊柱伸展延长。
- 双腿的运动是独立于骨盆和脊柱的。
- 不要将身体的重量全部压在手臂上，尝试卸掉手臂上的力量，保持肩膀和胸腔前方打开。
- 保持颈部延长，视线看向前方。
- 全程中充分延长手臂和腿部，但肘关节和膝关节不要锁死。

后拉腿

4　常见部位塑形练习

普拉提深蹲系列

起始姿势

普拉提深蹲（难度1）

普拉提深蹲是锻炼臀部和腿部非常有用的练习，还能为你的训练带去温和的有氧运动效果。我们也设计了有意思的动作变化，包括使用哑铃，最初每个小哑铃不要超过0.5千克，以及使用阻力小的长的弹力带。

起始姿势

请在地面上站直（不是你的普拉提垫），双臂延长放在身体两侧，掌心朝内。

动作步骤

1. 吸气时，弯曲髋关节，膝关节和脚踝来到一个小幅度的下蹲。以髋关节为支点自然地折叠，但要保持脊柱挺直。将双臂向前伸展来帮助你保持平衡。
2. 呼气时，挺直身体站直，想象你在推地板远离身体。
3. 重复动作10次。

普拉提深蹲　动作步骤1

> **注意事项** 👁
>
> → 适当收紧核心来控制身体的中立位和动作幅度。
> → 不要下蹲得太低——不要让臀部低于膝盖高度。
> → 确保膝盖和脚踝没有内翻或外翻。
> → 将体重均匀地分布在左腿和右腿上。
> → 做简单下蹲时，脚后跟停留在地面上。
> → 保持骨盆和脊柱在中立位上。

提踵普拉提深蹲（难度2）

这个动作给身体保持中立位带来了更多挑战，还可以锻炼到小腿！

在深蹲时踮起脚尖。放下脚后跟，然后将身体站直。重复动作10次。

弹力带普拉提深蹲（使用弹力带让臀肌更多发力）（难度2）

将弹力带绕在大腿根部或上部，两手握住弹力带末端，然后进行深蹲。这加强了对臀肌的锻炼。

提踵普拉提深蹲

弹力带普拉提深蹲 1

弹力带普拉提深蹲 2

负重普拉提深蹲和普拉提深蹲下的二头弯举（难度3）

手握哑铃或者站在一条阻力小的长的弹力带上，手握弹力带末端。

在普拉提深蹲姿势下，做3次二头弯举，然后站直。或者你可以一边深蹲一边二头弯举。

负重普拉提深蹲

普拉提深蹲下的二头弯举

动态弓箭步

将普拉提原理运用到这个健身房常用的练习中去,可以使这个动作更加有效。它是一个复合训练动作,能够很好地锻炼到你的臀肌、大腿和小腿。例如深蹲可以为你的训练带去温和的有氧运动效果,当你增加手臂动作时效果尤为明显。

后退弓箭步相对更加容易维持好身体中立位,所以如果你刚开始练习弓箭步,请向后跨步开始动作。动作的最终姿势是一样的,所以在照片中是看不出区别的。

动态后退弓箭步(难度1)

起始姿势

站直,双脚分开与髋同宽,保持平行(见58页)。再次检查你的骨盆和脊柱在中立位上。

动作步骤

1. 吸气时,右脚向后退一步,屈右膝,抬起右脚脚后跟。做这个的同时,前面的膝盖弯曲,形成直角,脚踝应在膝盖的正下方。尽可能地站直。
2. 呼气时,右脚跨步向前,身体站直回到起始姿势。
3. 每条腿重复动作6次。

起始姿势

动态后退弓箭步 动作步骤1

动态向前弓箭步（难度2）

正如之前所说，这个动作比动态后退弓箭步稍难一些。

起始姿势

与动态后退弓箭步的起始姿势一样。

动作步骤

1. 吸气时，左脚向前跨一步，屈左膝与左侧髋关节呈90度角，同时伸展右侧髋关节，屈右膝，这样使大腿几乎与地面平行。抬起右脚脚后跟，让身体保持挺直。
2. 呼气时，伸直左腿跨步向前，身体站直回到起始姿势。
3. 每条腿重复动作6次。

注意事项

→ 适当收紧核心来控制身体的中立位和动作幅度。
→ 屈膝跨步的距离要在你可以控制的范围内——比起一个糟糕的蹲得很深的弓箭步，更建议做一个标准的小幅度的弓箭步。
→ 关注头部，胸部和骨盆的位置关系。
→ 保持脊柱向上，延长，有力。
→ 确保前腿的膝盖不超过脚尖，保持膝盖在足部的中心位置之上。
→ 检查膝盖没有内翻或外翻。

动态弓箭步下的双臂飘起（难度3）

请按照基础弓箭步动作（见171页）步骤做出动作，但当你跨步向前或者后退时，举起双臂高于肩膀来到双臂飘起动作（见83页）。放下双臂，然后跨步回到起始姿势。

> **注意事项**
>
> → 适当收紧核心来控制身体的中立位和动作幅度。

动态弓箭步下的二头弯举（难度3）

双臂放在身体两侧，掌心朝内。但当你跨步向前或者后退时，弯曲手肘来到二头弯举动作（见134页），将手举向肩膀方向，掌心朝向身体。

动态弓箭步下的肩部划圈（难度4）

在你做出跨步向前或者后退动作后，进行肩部划圈一次，然后跨步回到起始姿势，换一条腿重复动作。

动态弓箭步下的负重双臂飘起（难度4）

为了进一步增加难度，当你做弓箭步时，请增加手部负重——不要超过0.5千克。

背部

在每一个训练计划中收入背部的伸展训练是必须的——它们几乎可被看作是对抗地心引力，抗衰老的练习。没有人会喜欢无精打采的体态。为了保持一整天挺直的姿势需要强壮的上背部肌肉，这就是这些练习的目的。另外，你的上背部周围以及肩胛骨也会得到锻炼。

眼镜蛇（以及其他爬行动物）系列

眼镜蛇预备式（难度1）

从眼镜蛇预备式到完全眼镜蛇式以及变式动作，练习这一系列的动作，你将会一步步面对更多挑战，但同时也在一点点获得更多回报。

起始姿势

俯卧起始姿势（见58页），将前额放在垫面上（或者根据需要可以放在折叠的毛巾上）。双腿伸直、分开，略比髋部宽，从髋关节处将腿外旋。弯曲手肘，双手打开的距离略比肩宽，高度微微低于肩膀，掌心朝下。确保肩部放松，锁骨打开。

起始姿势

动作步骤

1. 吸气准备。
2. 呼气时，首先伸展颈部前侧，转动并抬起头部，然后将胸部抬离垫面。保持你的下位肋骨接触垫面，打开胸腔，视线引导身体向正前方。
3. 吸气时，保持伸展、抬起的姿势。
4. 呼气时，胸部和头部依次下落回垫面。
5. 重复动作10次。

眼镜蛇预备式　动作步骤2

> **注意事项**
>
> → 核心收紧来支撑你的腰背部。
> → 保持双腿在垫面上，全程向远处伸展。
> → 在眼镜蛇预备式中，保持手肘向下。

眼镜蛇预备式转颈（难度1）

在这个练习中没有额外的力量训练，但当你在伸展的姿势上自由转动颈部时，你会感觉十分舒服。

动作步骤

按照眼镜蛇预备式动作步骤1和2做出动作。

3. 吸气时，轻柔地将头部转向一侧。
4. 呼气时，将头部转回到中间，然后转向另一侧。
5. 吸气时，将头部转回中间。
6. 呼气时，有控制地慢慢落回身体。

注意事项

→ 适当收紧核心来控制身体的中立位和动作幅度。
→ 延长，延长，延长——想象一直向前，向上。
→ 不要在手臂上施加太多向下的力量，手臂只是稍做支撑作用，并不是推你向上。
→ 想象你的锁骨好似照亮前方。
→ 有控制地将身体边延长边落回垫面，不要一下子趴下去。

眼镜蛇预备式转颈　动作步骤 3

完全眼镜蛇式（难度4）

想要做好这个动作，不要只关注身体后侧，还需要你去伸展身体的前侧，并且收紧核心来支撑你的腰背部。

起始姿势

与眼镜蛇预备式（见174页）的起始姿势一样。

动作步骤

1. 吸气准备。
2. 呼气时，伸展颈部前侧，转动并抬起头部，然后开始将身体抬离垫面。接着抬起胸骨、胸廓、腹部区域和骨盆前侧。当你的身体从垫面抬起时，手臂也会伸直。继续保持双腿的伸展。
3. 吸气时，保持身体伸展，抬起的姿势。
4. 呼气时，将脊柱伸展，落下，首先是骨盆前侧，然后是腹部区域、胸廓、胸骨，最后是你的头部。
5. 重复动作8次，然后撑起来到四肢跪地动作（见54页）。将双脚并拢，身体折叠来到休息姿势（见108页）。

完全眼镜蛇式　动作步骤2

注意事项

→ 适当收紧核心来控制身体的中立位和动作幅度。
→ 保持在完全眼镜蛇式动作的高度时，允许你的髋关节打开，并且前侧骨盆可以离开垫面。
→ 你的手臂可以不用完全伸直，这取决于你的脊柱和手臂的伸展程度，以及你的柔韧性。
→ 保持双腿在垫面上，向远处伸展。

起始姿势

起始姿势

俯卧腿部拍击 动作步骤 2

> **注意事项**
>
> → 抬起和拍击双腿的时候,保持骨盆稳定不动。
> → 从髋关节开始打开和关闭双腿。
> → 小幅度地打开双腿。
> → 保持双腿从髋关节处微微外旋。

俯卧腿部拍击(难度4)

这个动作可以很好地锻炼到你的臀部和大腿内侧。

起始姿势

俯卧起始姿势(见58页),双腿伸直,大腿内侧靠拢,从髋关节处将腿部外旋。将前额放在你的手背上。

动作步骤

1. 吸气准备。
2. 呼气时,延长双腿,并将其微微抬离垫面。
3. 连续吸气5次的同时,大腿内侧打开并关闭,轻快地拍击5次。口中可以说"拍""拍"。
4. 连续呼气5次的同时,拍击腿部5次。
5. 重复动作3次。

4 常见部位塑形练习 **177**

蜥式起身（难度3）

这个眼镜蛇系列中的变形动作，在伸展的基础上加入了扭转动作。我们还增加了一个变形动作，包括单膝弯曲和脚踝弯曲来保持良好的协调性。普拉提爱好者一定会识别出这个腿部动作的来源。

起始姿势

俯卧起始姿势（见58页），将前额放在垫面或折叠的毛巾上。双腿伸直，打开与肩同宽，从髋关节处微微外旋。弯曲手肘，将手打开略比肩宽，略比肩高，掌心朝下。肩膀放松，胸骨打开。

起始姿势

动作步骤

1. 吸气时，延长颈部前侧，转动并抬起头部，然后抬起颈部，直到它们与脊柱成一条直线后停住。
2. 呼气时，左手轻轻推地打开左侧肩膀，转动你的头部，脊柱和肋骨向左侧，直到你看到左侧的肩膀后停住。
3. 向左侧打开的肋骨进行吸气，保持姿势。
4. 呼气时，慢慢回到起始姿势，先从你的肋骨转动，然后是肩膀，最后将头部转回来。
5. 接着在右侧重复上述动作，左侧动作和右侧动作作为一个组合，重复8组。

蜥式起身　动作步骤 1

蜥式起身　动作步骤 2

> **注意事项** 👁
>
> → 适当收紧核心来控制身体的中立位和动作幅度。

蜥式起身之单膝和脚踝弯曲（难度3）

增加了腿部和脚踝的动作可以激活你的膝盖和脚踝，并且可以轻柔地拉伸大腿前侧。

动作步骤

按照蜥式起身的动作步骤1和2做出动作（请你转动看向你的左侧）。

3. 吸气时，弯曲右膝。保持膝盖在垫面上。
4. 呼气时，有节奏地绷脚尖，勾脚尖。
5. 吸气时，再次绷脚尖，同时伸直你的右膝，依次回到起始姿势。
6. 在另一侧重复动作，看向你的右侧肩膀，弯曲你的左膝和脚踝。
7. 每侧重复动作4次。你可以尝试不同的呼吸模式。

注意事项

→ 全程中保持骨盆始终在垫面上，处于中立位。
→ 手臂轻轻地推地面，帮助上半身扭转，但不要太用力。
→ 在你感觉舒适的范围内，转动头部。
→ 保持两侧锁骨打开。
→ 有控制地落回身体，不要一下子塌下去。
→ 你也许不能像图片中的模特那样伸展或者扭转身体。

蜥式起身之单膝和脚踝弯曲　动作步骤4　绷脚尖

动作步骤4　勾脚尖

俯卧起飞式（难度1）

这个动作不但可以锻炼到你的背部肌肉，还能锻炼到大腿内侧和臀部。在练习这个动作时，同一时刻需要注意多个动作要点，因此在尝试练习前，请多读几遍动作步骤和注意事项。练习时，你可以将双腿分开略比髋部宽，从髋关节处双腿外旋。

起始姿势

俯卧起始姿势（见58页），将前额放在折叠的毛巾或平整的靠垫上（如果你需要的话）。

双臂置于身体两侧，轻放普拉提垫上，向远处延伸，掌心向上。伸展双腿，大脚趾轻触。

> **注意事项**
>
> → 适当收紧核心来控制你身体的中立位和动作幅度。
> → 注意头部不要过度后仰，视线始终向下。
> → 请按照正确的顺序来完成动作：首先头部抬起，然后是颈部，一旦它们与上部脊柱在一条直线上，伸直上部脊柱。
> → 保持肋骨与下方的腰部相连接。
> → 腿部不要抬起，保持它们始终在垫面上。

动作步骤

1. 吸气准备。
2. 呼气时，开始伸展上部脊柱，首先延长并抬起你的头部，接着是颈部，椎骨一节一节地抬起。同时，双腿靠拢，大腿内侧并拢，腿部外侧平行。与此同时，双臂延长远离身体，将身体抬起，并旋转手臂，使掌心朝向身体。
3. 吸气时，保持这个延长的姿势。
4. 呼气时，依次将上背部放下，然后是颈部、头部放回垫面，同时，腿部放松，将手臂还原到起始姿势。
5. 重复动作10次。

起始姿势

动作步骤2

起始姿势

俯卧起飞式之单臂飘起

俯卧起飞式之单臂飘起（难度3）

这里我们增加了手臂的动作来提高难度——难度提升了2个级别是因为手臂增加了更多的负重。我喜欢想象自己在一个游泳池中进行练习。当手臂向后向下压时就像游泳时手臂的划水动作。要注意你需要改变手掌的位置。这虽然看上去困难，但你可以自然而然地完成。

起始姿势

与俯卧起飞式的起始姿势一样，但掌心朝下。

动作步骤

按照俯卧起飞式的动作步骤1和步骤2做出动作。

3. 吸气时，将一只手臂从垫面飘起，自然地旋转手臂，保持与肩膀的高度，伸手臂向前，举过头顶。
4. 呼气时，掌心朝向身体外侧，手臂外旋，始终飘起与肩膀同高，收回到身体侧面。保持背部收紧——想象你在将手臂推开。
5. 重复动作2次，然后换另一只手臂。最后依次，有控制地回到起始姿势。

俯卧起飞式之双臂飘起（难度4）

一次飘起一只手臂，让双臂都飘起来，这个动作给你的背部带来了更大的挑战。将双臂收回身体两侧，然后身体落回。

俯卧起飞式之双臂同时飘起（难度5）

动作步骤同上，但需要同时将双臂飘起。

俯卧起飞式之双臂飘起

4 常见部位塑形练习 181

起始姿势

俯卧起飞式之单侧伸展　动作步骤 2

俯卧起飞式之单侧伸展（难度3）

这个变式动作可以锻炼到你的背部、肩膀和腰部。强烈建议你在开始练习这个动作前，先去回顾一下单侧伸展（见104页）这个动作，因为你需要以同样地方式和顺序来完成它。

起始姿势

与俯卧起飞式（见180页）的起始姿势一样，但这个动作中双脚分开与髋关节同宽，或者分开与肩膀同宽，选择你舒适的位置。

动作步骤

1. 吸气准备。
2. 呼气时，首先延长并抬起你的头部、颈部，然后上部脊柱的椎骨一节一节地抬离垫面。同时，向远处延长手臂，将手臂微微外旋后抬起，掌心朝向身体。
3. 吸气时，保持姿势。
4. 呼气时，将身体从头部、颈部和上背部向右侧屈曲。保持骨盆在中心位置上，将胸骨在一个平面上移动离开垫面。
5. 吸气时，向上延长，将身体屈曲回到中心位置。
6. 每侧重复动作2次，然后将身体有控制地落回到起始姿势。

俯卧起飞式之单侧伸展　动作步骤 4

注意事项 👁

→ 适当收紧核心来控制身体的中立位和动作幅度。

俯卧起飞式之单侧伸展和单臂飘起 动作步骤3

俯卧起飞式之单侧伸展和单臂飘起（难度4）

增加手臂飘起为这个练习增加了难度，也提高了肌肉锻炼效果。还有俯卧起飞式之双臂飘起和俯卧起飞式之单侧伸展的动作组合，所以要先掌握好每一个组合动作。

起始姿势

与俯卧起飞式（见180页）的起始姿势一样，但这个动作中双脚分开与髋关节同宽，或者分开与肩膀同宽，选择你舒适的位置。

动作步骤

按照俯卧起飞式之单侧伸展的动作步骤1和步骤2（见182页）做出动作。

3. 吸气时，将左手臂从垫面飘起，自然地旋转手臂，保持与肩膀的高度，伸手臂向前，举过头顶，掌心朝内。
4. 呼气时，依次屈曲身体向右侧。保持骨盆在中心位置上。
5. 吸气时，将身体屈曲回到中心位置上。
6. 呼气时，转动掌心朝向身体外侧，左手臂外旋收回到身体侧面，过程中保持手臂飘起与肩膀同高。
7. 每侧重复动作3次。

俯卧起飞式之单侧伸展和单臂飘起 动作步骤4

起始姿势 1 起始姿势 2 起始姿势 3

站姿后弯（难度4）

这是一个很好的练习收尾动作。你甚至可以白天在办公室的时候练习这个动作，来消除伏案工作时弯腰驼背带来的影响。

起始姿势

平行站姿（见58页）。你可以选择将双手放在身体两侧，也可以交叉放在胸前，还可以交叉放在脑后（支撑颈部）。如果选择交叉放在脑后，让你的手肘处在你的视线范围内。

动作步骤

1. 吸气时，从头部开始，身体轻柔地依次向后屈曲，使脊柱均匀地、椎骨一节一节地拱起。目标是让整条脊柱形成一个均匀的曲度。
2. 呼气时，开始依次从下往上卷动回来，保持脊柱伸展。
3. 重复动作10次。

动作步骤 1

站姿后弯下的肩部划圈（难度4）

一旦你掌握了站姿后弯，你就可以加入肩部划圈动作。这会让你感觉非常棒。

当你向后伸展时，肩部划圈，胸部打开。请控制好时间，当你手臂划圈回到身体时，你的身体也回到站直的姿势。

注意事项

→ 适当收紧核心来控制身体的中立位和动作幅度。
→ 请沿着身体的中心线移动身体。
→ 头部不要后仰太多，让它与你的脊柱在一条曲线上。
→ 脚部紧紧抓住地面，体重均匀地分布在双脚上，脚趾抓地。

5 在你的塑形计划中加入有氧运动

需要多少有氧运动

虽然普拉提是一种非常好的健身方法，但它并不是一种有氧运动。但我们为你设计的动作却是例外，像百次拍击（见104页），动态弓箭步（见170页）中的一些动作，以及普拉提深蹲系列（见168页），但我们不建议你连续练习超过30分钟。

为了心脏健康，在你每周的日常活动中加入一些有氧运动是很重要的。理想的组合可以是每周150分钟（2.5小时）的普拉提练习，加上150分钟（2.5小时）的有氧运动。总共每周5小时的练习。

这看上去似乎挺长时间的，但如果你喜欢上普拉提，能找到感兴趣的有氧运动，在日常生活中添加碎片化的练习（见190页），5小时是可以达到的。

什么是燃脂训练或有氧运动？它是一种全身运动，特别是它会动用到大肌肉群，像腿部肌肉。在有氧运动中，我们需要氧气为肌肉提供热量。当你的有氧运动能力提高后，你的身体在运输氧气方面将会变得更有效率。有氧运动还帮助燃烧更多的热量，这就是为什么普拉提加有氧运动是完美的塑形和减肥组合了。

世界卫生组织建议18~64岁的成年人每周至少进行150分钟中等强度的有氧运动，如骑自行车或快走，或者75分钟较高强度的有氧运动，像跑步或者网球单打。另

> **有氧运动的好处**
>
> - 增强心肺功能和循环系统。
> - 降低患心脏病的风险。
> - 降低血压。
> - 改善血液中胆固醇和甘油三酯水平。
> - 释放内啡肽（让人感觉良好的激素），从而帮助降低压力水平，可能有助于缓解抑郁。
> - 增强肌肉力量。
> - 帮助进行体重管理。

外，你可以选择将中等强度和较高强度的有氧运动组合在一起——例如，2次较高强度的30分钟跑步，加上30分钟的快走，这就等于150分钟中等强度的有氧运动了。

选择哪种运动强度，需要你自己来决定。达到每周150分钟建议运动量的最佳方法可能是每周选择5天，每天进行30分钟的运动。为了保持运动的动力，选择你喜欢的有氧运动项目，这样更容易在日常生活中坚持下去，你还可以找一个伙伴一起运动。

中等强度的有氧运动

- 快走
- 水上有氧运动
- 在平地或少山的地方骑自行车
- 网球双打
- 徒步旅行
- 滑板
- 滑旱冰
- 排球
- 篮球

较高强度的有氧运动

- 慢跑或跑步
- 快速游泳
- 在山上或快速骑自行车
- 网球单打
- 壁球
- 足球
- 橄榄球
- 跳绳
- 曲棍球
- 有氧操
- 体操
- 武术

选择合适的强度

在做有氧运动时，时刻关注你的心率是很重要的。首先，需要计算你的静息心率：你在安静状态下，每分钟心跳的次数（见下表）。最好的测量时间是早上睡个好觉之后，在喝茶或咖啡之前。

对我们大多数人来说，每分钟60~100次心跳是正常的，但心率会受到压力、焦虑、激素、药物和身体活动程度的影响。你还会发现你的心率范围每天都不一样。如果你经常锻炼，你的心率会低一些，因为你的心脏很强壮，它不需要辛苦地跳动就可以维持稳定的心跳。

最大目标心率

年龄（岁）	目标心率区 50%~85%（次/每分钟）	平均最大心率 100%（次/每分钟）
20	100~170	200
30	95~162	190
35	93~157	185
40	90~153	180
45	88~149	175
50	85~145	170
55	83~140	165
60	80~136	160
65	78~132	155
70	75~128	150

如何测量并计算出你的心率

1. 用你的食指和中指（不是拇指）的指尖，轻轻按压手腕内侧的动脉。
2. 数一下30秒内脉搏跳动的次数。
3. 将上面的次数乘以2，得到每分钟的心跳次数。

一旦你知道了自己的静息心率，请与不同年龄对应的目标心率区的数据（左表）对照一下。找到你的年龄，然后横向找出该年龄的心率数值范围（这些都是平均值，请作为一般参考）。

在中等强度的有氧运动中，你的目标心率在最大心率的50%~70%；在较高强度的有氧运动中，你的目标心率在最大心率的70%~85%。你的最大心率=220-你的年龄。一些健身穿戴设备可以帮助你计算，不过要注意，其中有些设备的精确度是比较高的，而另一些则不然。

在锻炼时，如果你的心率过高，说明你的运动强度过大。如果你的心率过低，运动强度感觉在低中强度，你可能需要更努力一点，特别是在你尝试减肥的时候。如果你已经有一段时间没有运动的话，请将目标心率设定在你的目标心率区的较低范围（50%），之后逐渐增加。随着时间的推移，你将能够以你的最大心率的85%，进行舒适地训练。

让身体更加活跃、更加积极
——碎片化训练使你更接近目标

让心脏保持健康最有效的方法之一就是增加你的日常活动水平。长时间久坐对健康尤其有害,你需要定期运动来打破这种状态。

你也可以通过走路一步步走向健康和苗条。为了日常保健,目标可设定为每天4000步(这是一天的累积量),为了改善健康状况,目标可设定为每天7000步,为了减肥,目标可设定为每天10000步。手机App或者健身穿戴设备上可以帮助你轻松记录这些数据。你需要做些功课,来看看哪个品牌的计步功能更加准确。

如果你将走路作为你的有氧运动的话,你的步行速度需要足够快来提高你的心率。如果你的步行速度较低,即使你每天走10000步,你也可能达不到维持心脏健康所需的有氧运动的量。

短时拆分训练

有一项有趣的研究是关于将训练拆分成几个小训练的益处。2018年英国巴斯大学研究显示,每天在家做两次运动,每次只要5分钟,就能使老年人群在肌肉含量和力量上得到显著改善——这个年龄段的人群每1~2年所流失的肌肉,可以在短短4周内,通过运动重新获得。实验对象先在1分钟内尽可能多地重复做一个练习动作,然后休息1分钟,再进行下一个练习动作。经过4周的"短时拆分"训练,他们可以将动作的重复次数提高30%,腿部力量和大腿腿围也都增加了。在如此短的时间内,得到这样显著的效果让人难以置信,

在你日常生活中增加活动量的方法

- 请更多地选择步行,而不是坐地铁或公交车,或者可以提前一站下车,步行走完剩下的路。
- 不要选择最近的停车位,可以将车停在离车站、商店或办公室稍远一点的地方。
- 步行走到最远的公交车站或地铁站。
- 选择走楼梯,不坐电梯。
- 在机场自动扶梯或自动人行道上行走,不要站着。
- 在中午午休进餐前,绕着附近的街区走几圈。
- 工作间隙,活动身体短暂休息一下。
- 打电话的时候,走动一下。
- 不要总是发邮件,可以找同事直接沟通一下。
- 选择可以让身体活动的娱乐项目,而不是玩需要久坐的电子游戏。

我们在本书的塑形训练计划中加入了短时间训练,并在训练中增加了额外的重复次数。

我们还加入了负重训练——2018年美国艾奥瓦州立大学的一项研究表明,每周进行负重训练不超过1小时,可以降低心脏病或中风的风险40%~70%。但负重训练超过1小时并不会带来更多额外益处。

普拉提的热身和放松练习

在步行或跑步前后,试试这些适合户外做的普拉提练习,可以帮助矫正腿部的正确力线,加强对正确姿势和动作的记忆,并可以轻柔地激活脊柱。

- 平行站姿(见58页)或提踵普拉提站姿和肩部划圈(见60页)
- 普拉提深蹲,或普拉提深蹲下的双臂飘起,或提踵普拉提深蹲(见168~169页)
- 双腿上提下压(见156页)
- 站姿腰部扭转(见97页)
- 站姿单侧伸展(见105页)
- 动态弓箭步或动态弓箭步下的双臂飘起(见170页)
- 站姿后弯或站姿后弯下的肩部划圈(见184)

安全的有氧运动

- 根据你的运动水平,身体情况和个人需求,选择一个合适的活动或课程。
- 无论是哪种形式的运动,都要关注你的动作。散步、慢跑和抬头挺胸跑。
- 不要试图在有氧运动中全程保持核心收紧——这是不可能的,并且会限制你的动作。但是,你还是需要提醒你自己,腹部不应该鼓起的。
- 请选择有资质的老师和私人教练。
- 根据天气选择合适的服装,穿有支撑作用的内衣。
- 选择合适的鞋子,特别是跑步时,要防止胫骨疼痛和踝关节损伤。
- 如果可能的话,找一个伙伴一起跑步,确保有人知道你的跑步路线和预计回家的时间。
- 时刻注意周边环境。如果你运动时听音乐,请将音量调低或者只用一个耳机。
- 在道路上慢跑时,请穿带反光标志的衣服,身体面对迎面而来的车辆跑步。
- 交替走在马路的两侧,这样同一条腿就不会一直走在下坡路上。当下坡的腿稍微向内弯曲时,髂胫束(一条沿着大腿外侧走向的韧带)会被拉伸,引起刺激和疼痛。

- 观察在不同的地面运动对关节的影响。混凝土比沥青地面更难让人接受,煤渣路或土路对关节来说会更加柔软、温和。
- 在乡间,要注意高低不平的地形,岩石、树根或隐蔽的洞穴。你可能需要登山鞋而不是运动鞋。
- 骑车时请戴上安全头盔,并检查灯光是否正常。
- 摄入足够的水。

塑形训练计划

让我们开始吧……这是你期待已久的,可以自己在家里享受普拉提运动的流畅性和挑战性。你会发现不同时长、不同难度等级的训练,我们已经为你设计好一切,你不需要花时间去想接下来做什么。

你必须决定你可以抽出多少时间来练习普拉提,而你的目标是你每周的运动时间达到150分钟(2.5小时)。如果你决定花超过12周来进行塑形训练,你可以把每周的运动时间减少到120分钟,甚至是90分钟。不能再低于这个量了,否则你的身体无法吸收所有你需要掌握的动作技巧,你的锻炼不足以改变你的新陈代谢,以及改变你的体型。你会感觉很好,但我们更希望让你看上去健康美丽。

我们把训练计划分为短时间训练(10~15分钟),中等时间训练(25~30分钟),长时间训练(45~50分钟)。如果你只有10分钟的时间,那就把每个动作重复做几次,如果你有更多的时间就多做一些。重要的是动作的精确性和你的专注度,记得运用ABC原则,即排列、呼吸和核心(见46页)。

我们所有的训练兼顾到了脊柱运动的各个方面,包括俯屈、扭转、侧屈和伸展练习——即使是短时间训练。长时间训练计划在上半身和下半身肌肉的锻炼上则更为全面。

我们为长时间训练计划保留了手臂负重练习系列。你可以把它们加入到短时间训练计划中,但需要先为肩部做热身,可以做肩部划圈(见84页),胸腔闭合(见79页),或单臂沉肩(见78页)。如果你需要针对某个部位加强锻炼,你可以在训练中加入本书中更多塑形训练(见44~113页)和常见部位塑形练习(见114~185页)中有关腹部、腰部、手臂或臀部的任何练习。

我们完全从最新基础训练来开始训练计划——如果你是普拉提新手或者想要一个简单的训练那就太完美了。有时候,我的身体就渴望这种简单,就像我渴望一个简单的煎蛋卷,而不是一盘精致的菜。

当你对自己的力量,柔韧性和动作控制有信心的时候,你就可以进阶到难度1~3的训练了(我们有许多这个难度的练习)。当你准备好的时候,可以开始进阶到难度4及以上的训练了,并循环做这些训练。记住,你仍然可以做较低难度的训练。

最新基础训练

训练难度 1~2

我们准备了10个全面的训练计划来为你开始训练，它们全部来自"最新基础训练"。这些训练的时长在25~30分钟，这是最佳的训练时间长度，你的身体有足够的时间"吸收"ABC原则，以及通过完成足够的次数来学习新技能。如果你有更多时间的话，可以将两个训练合并在一起练习。

在这些训练中有大量的重复，是特意加强你对这些练习的理解。仰卧屈髋屈膝位，收下巴和颈部转动在每个训练中都会出现，它们在你练习卷腹和腹部练习前，可轻柔地激活你的颈部。休息姿势动作通常在背部伸展练习之后。

训练计划 1
- 仰卧屈髋屈膝位（见48页）：骨盆指南针（见50页），收下巴和颈部转动（见52页）
- 单臂沉肩（见78页）
- 仰卧单膝行军踏步（见69页）
- 脊柱卷动（见90页）
- 髋部卷动（见102页）
- 卷腹（见92页）
- 仰卧手臂开合（见100页）
- 蚌式开合（见87页）
- 俯卧菱形手位起身（见106页）
- 桌面式难度1（见74页）
- 休息姿势下的深长的腹式呼吸（见108页）
- 高位跪立下的单臂飘起（见82页）
- 站姿单侧伸展（见104页）
- 普拉提站姿（见60页）
- 普拉提深蹲（见168页）

训练计划 2
- 普拉提站姿（见60页）
- 双臂飘起（见83页）
- 站姿腰部扭转（见97页）
- 仰卧屈髋屈膝位（见48页）：骨盆指南针（见50页），收下巴和颈部转动（见52页）
- 腹式深呼吸放松（见63页）
- 单膝开合（见69页）
- 脊柱卷动（见90页）
- 卷腹（见92页）
- 髋部卷动（见102页）
- 蚌式开合（见87页）
- 俯卧菱形手位起身（见106页）
- 猫式伸展（见95页）
- 休息姿势（见108页）
- 高位跪姿弓箭步（见56页，请使用围巾呼吸，见62页，在这个姿势下，请在几个呼吸后换腿）

- 单侧伸展（见 104 页）
- 提踵普拉提站姿（见 60 页）

训练计划 3
- 坐姿围巾呼吸（见 62 页）
- 坐姿单侧伸展（见 104 页）
- 仰卧屈髋屈膝位（见 48 页）：骨盆指南针（见 50 页），收下巴和颈部转动（见 52 页）
- 双臂沉肩（见 78 页）
- 单腿滑行（见 68 页）
- 脊柱卷动（见 90 页）
- 卷腹（见 92 页）
- 蝴蝶式（见 101 页）
- 俯卧菱形手位起身（见 106 页）
- 俯卧抬腿预备式（见 85 页）
- 猫式伸展（见 95 页）
- 休息姿势（见 108 页）
- 双臂飘起（见 83 页）
- 站姿腰部扭转（见 97 页）
- 普拉提深蹲（见 168 页）

训练计划 4
- 仰卧屈髋屈膝位（见 48 页）：骨盆指南针（见 50 页），收下巴和颈部转动（见 52 页）
- 百次呼吸难度 1（见 63 页）
- 仰卧单膝屈伸（见 71 页）
- 肩部划圈（见 84 页）
- 双膝转动（见 73 页）
- 脊柱卷动（见 90 页）
- 卷腹（见 92 页）
- 髋部卷动（见 102 页）
- 弹力带蚌式开合（见 88 页）
- 俯卧菱形手位起身（见 106 页）
- 桌面式难度 1（见 74 页）
- 休息姿势（见 108 页）
- 高位跪立下的腰部扭转（见 97 页）
- 站姿单侧伸展（见 104 页）

- 普拉提深蹲（见 168 页）

训练计划 5
- 普拉提站姿（见 60 页）
- 站姿腰部扭转（见 97 页）
- 站姿单侧伸展（见 104 页）
- 仰卧屈髋屈膝位（见 48 页）：收下巴和颈部转动（见 52 页）
- 腹式深呼吸放松（见 63 页）
- 肩部划圈（见 84 页）
- 仰卧单膝屈伸（见 71 页）
- 脊柱卷动（见 90 页）
- 卷腹下的单腿滑行（见 93 页）
- 髋部卷动（见 102 页）
- 仰卧手臂开合（见 100 页）
- 俯卧菱形手位起身（见 106 页）
- 猫式伸展（见 95 页）
- 休息姿势（见 108 页）
- 坐姿"C"字卷曲（见 94 页）
- 靠墙胸腔闭合（见 80 页）
- 靠墙向下卷动（见 110 页）

训练计划 6
- 仰卧屈髋屈膝位（见 48 页）：骨盆指南针（见 50 页），收下巴和颈部转动（见 52 页）
- 百次呼吸难度 1（见 63 页）
- 单膝开合（见 69 页）
- 胸腔闭合（见 79 页）
- 脊柱卷动（见 90 页）
- 卷腹（见 92 页）
- 仰卧手臂开合（见 100 页）
- 俯卧菱形手位起身（见 106 页）
- 桌面式难度 1（见 74 页）
- 休息姿势（见 108 页）
- 高位跪立下的单侧伸展（见 104 页）
- 提踵平行站姿（见 60 页）
- 普拉提深蹲（见 168 页）

训练计划 7
- 坐姿青蛙（见 53 页）：围巾呼吸（见 62 页）
- 坐姿单侧伸展（见 104 页）
- 仰卧屈髋屈膝位（见 48 页）：收下巴和颈部转动（见 52 页），腹式深呼吸放松（见 63 页）
- 双臂沉肩（见 78 页）
- 卷腹下的单腿滑行（见 93 页）
- 髋部卷动（见 102 页）
- 蝴蝶式（见 101 页）
- 俯卧抬腿预备式（见 85 页）
- 俯卧菱形手位起身（见 106 页）
- 猫式伸展（见 95 页）
- 休息姿势（见 108 页）
- 高位跪立下的双臂飘起（见 83 页）
- 站姿腰部扭转（见 97 页）
- 提踵平行站姿（见 60 页）
- 靠墙向下卷动（见 110 页）

训练计划 8
- 普拉提站姿（见 60 页）
- 提踵普拉提站姿（见 60 页）
- 双臂飘起（见 83 页）
- 站姿腰部扭转（见 97 页）
- 仰卧屈髋屈膝位（见 48 页）：收下巴和颈部转动（见 52 页）
- 脊柱卷动（见 90 页）
- 胸腔闭合（见 79 页）
- 卷腹（见 92 页）
- 仰卧手臂开合（见 100 页）
- 俯卧菱形手位起身（见 106 页）
- 桌面式难度 1 或 2（见 74 页）
- 休息姿势（见 108 页）
- 高位跪立下的围巾呼吸（见 62 页）
- 站姿单侧伸展（见 104 页）
- 普拉提深蹲（见 168 页）

训练计划 9
- 仰卧屈髋屈膝位（见 48 页）：收下巴和颈部转动（见 52 页）
- 百次呼吸难度 1（见 63 页）
- 肩部划圈（见 84 页）
- 仰卧单膝屈伸（见 71 页）
- 脊柱卷动（见 90 页）
- 卷腹下的单腿滑行（见 93 页）
- 弹力带蚌式开合（见 88 页）
- 蝴蝶式（见 101 页）
- 俯卧菱形手位起身（见 106 页）
- 猫式伸展（见 95 页）
- 休息姿势（见 108 页）
- 高位跪立下的单侧伸展（见 94 页）
- 站姿腰部扭转（见 97 页）
- 普拉提深蹲（见 168 页）
- 靠墙向下卷动（见 110 页）

训练计划 10
- 提踵普拉提站姿（见 60 页）
- 站姿单侧伸展（见 104 页）
- 高位跪立下的腰部扭转（见 97 页）
- 仰卧屈髋屈膝位（见 48 页）：收下巴和颈部转动（见 52 页）
- 腹式深呼吸放松（见 63 页）
- 单臂沉肩（见 78 页）
- 肩部划圈（见 84 页）
- 脊柱卷动（见 90 页）
- 卷腹（见 92 页）
- 髋部卷动（见 102 页）
- 蝴蝶式（见 101 页）
- 俯卧菱形手位起身（见 106 页）
- 桌面式难度 2（见 75 页）
- 休息姿势（见 108 页）
- 坐姿"C"字卷曲（见 94 页）
- 胸腔闭合之墙壁滑动（见 81 页）
- 普拉提深蹲（见 168 页）

训练难度 1~3

现在你已经掌握了最新基础训练，你可以进阶去做更多具有挑战（更大训练强度）的练习了。接下来将介绍10个完整全面的训练计划，难度在1~3。请进行循环练习，当你有更多时间时，可以练习较长时间的训练计划。

如果一个练习有好几种难度，请选择适合自己的难度。当你无法确定时，选择最简单的版本进行练习，直到你掌握之后再去挑战复杂的版本。

短时间训练·难度1~3（10~15分钟）

在每个训练计划中有12~13个动作。如果你只有10分钟的练习时间，每个动作重复做几次即可。

训练计划 1
- 仰卧屈髋屈膝位（见48页）：收下巴和颈部转动（见52页）
- 腹式深呼吸放松（见63页）
- 肩部划圈（见84页）
- 双膝转动（见73页，在沉肩的姿势下抬起手臂）
- 基础臀桥（见158页）
- 卷腹旋体（见116页）
- 负重仰卧手臂开合（见101页）
- 俯卧起飞式（见180页）
- 猫式伸展（见95页）
- 休息姿势（见108页）
- 站姿单侧伸展（见104页）
- 动态后退弓箭步（见170页）
- 靠墙向下卷动（见110页）

训练计划 2
- 提踵普拉提站姿（见60页）
- 站姿单侧伸展（见104页）
- 仰卧屈髋屈膝位（见48页）：收下巴和颈部转动（见52页）
- 胸腔闭合（见79页）
- 百次呼吸（见63页）
- 脊柱卷动（见90页）
- 卷腹下的单膝开合（见93页）
- 侧踢系列：侧卧单腿划圈（见141页）
- 眼镜蛇预备式（见174页）
- 桌面式难度2（见75页）
- 休息姿势（见108页）
- 高位跪姿弓箭步下的腰部扭转（见98页）
- 普拉提深蹲（见168页）

训练计划 3
- 胸腔闭合之墙壁滑动（见81页）
- 高位跪立下的单侧伸展（见104页）
- 仰卧屈髋屈膝位（见48页）：收下巴和颈部转动（见52页）
- 单臂沉肩（见78页）
- 基础臀桥（见158页）
- 卷腹旋体下的单膝行军踏步（见117页）
- 负重仰卧手臂开合（见101页）
- 俯卧起飞式（见180页）
- 单臂猫式伸展（见96页）
- 休息姿势下的腹式深呼吸（见108页）
- 骨盆卷动（见130页）
- 墙式俯卧撑（见146页）
- 提踵普拉提深蹲（见169页）

训练计划 4
- 仰卧屈髋屈膝位（见48页）：收下巴和颈部转动（见52页）
- 双臂沉肩（见78页）
- 脊柱卷动下的单膝开合（见91页）
- 卷腹旋体下的单手伸展（见117页）
- 髋部卷动（见102页，掌握后可以做髋部卷动之腿部伸展，见103页）
- 侧卧屈膝（见89页）
- 眼镜蛇预备式（见174页）

- 桌面式之抬臂敬礼（见 76 页）
- 休息姿势（见 108 页）
- 高位跪姿弓箭步下的单侧伸展（见 105 页）
- 高位跪立下的围巾呼吸（见 62 页）
- 普拉提深蹲下的二头弯举（见 169 页）
- 靠墙向下卷动（见 110 页）

训练计划 5
- 普拉提站姿下的双臂飘起（见 83 页）
- 站姿单侧伸展（见 104 页）
- 仰卧屈髋屈膝位（见 48 页）：收下巴和颈部转动（见 52 页）
- 百次呼吸（见 63 页）
- 基础臀桥（见 158 页）
- 卷腹旋体下的单膝行军踏步（见 117 页）
- 双腿伸展预备式（见 122 页）
- 侧踢系列：侧卧单腿划圈（见 141 页）
- 俯卧起飞式（见 180 页）
- 猫式伸展（见 95 页）
- 休息姿势（见 108 页）
- 高位跪姿弓箭步下的腰部扭转（见 98 页）
- 负重向下卷动（见 112 页）

训练计划 6
- 仰卧屈髋屈膝位（见 48 页）：收下巴和颈部转动（见 52 页）
- 双膝转动之胸腔闭合（见 73 页）
- 脊柱卷动下的肩部划圈（见 91 页）
- 卷腹下的单膝行军踏步（见 93 页）
- 百次拍击——选择适合的难度等级（见 124 页）
- 髋部卷动（见 102 页，掌握后可以做髋部卷动之腿部伸展，见 103 页）
- 鱼雷预备式（见 142 页）
- 俯卧起飞式之单侧伸展（见 182 页）
- 双膝跪地俯卧撑（见 150 页）
- 休息姿势（见 108 页）
- 骨盆卷动（见 130 页）

- 动态弓箭步下的二头弯举（见 173 页）
- 普拉提深蹲（见 168 页）

训练计划 7
- 提踵普拉提深蹲（见 169 页）
- 站姿肩部划圈（见 84 页）
- 站姿腰部扭转（见 97 页）
- 仰卧屈髋屈膝位（见 48 页）：收下巴和颈部转动（见 52 页）
- 脊柱卷动下的肩部划圈（见 91 页）
- 单腿伸展足尖点地（见 120 页）
- 卷腹旋体下的单手伸展（见 117 页）
- 侧面扭转预备式（见 138 页）
- 俯卧起飞式之单侧伸展（见 182 页）
- 单臂猫式伸展（见 96 页）
- 休息姿势下的腹式深呼吸（见 108 页）
- 背桥（见 162 页）
- 负重向下卷动（见 112 页）

训练计划 8
- 坐姿青蛙（见 53 页）： 腰部扭转（见 97 页）
- 坐姿围巾呼吸（见 62 页）
- 仰卧屈髋屈膝位（见 48 页）：收下巴和颈部转动（见 52 页）
- 单臂沉肩（见 78 页）
- 弹力带臀桥（见 159 页）
- 卷腹下的单膝开合（见 93 页）
- 百次拍击——选择适合的难度等级（见 124 页）
- 鱼雷预备式（见 142 页）
- 俯卧起飞式之单侧伸展（见 182 页）
- 双膝跪地俯卧撑（见 150 页）
- 休息姿势（见 108 页）
- 骨盆卷动之单腿滑行（见 131 页）
- 动态弓箭步下的二头弯举（见 173 页）
- 靠墙向下卷动（见 110 页）

训练计划 9

- 仰卧屈髋屈膝位（见 48 页）：收下巴和颈部转动（见 52 页）
- 双膝转动之胸腔闭合（见 73 页）
- 脊柱卷动下的单膝开合（见 91 页）
- 百次呼吸（见 63 页）
- 卷腹下的单膝行军踏步（见 93 页）
- 卷腹旋体下的单手伸展（见 117 页）
- 蝴蝶式（见 101 页）
- 俯卧菱形手位下的抬臂敬礼（见 107 页）
- 四肢跪地之飞鸟（见 144 页）
- 休息姿势（见 108 页）
- 高位跪姿弓箭步下的单侧伸展（见 105 页）
- 动态弓箭步下的双臂飘起（见 172 页）
- 负重向下卷动（见 112 页）

训练计划 10

- 胸腔闭合之墙壁滑动（见 81 页）
- 站姿腰部扭转（见 97 页）
- 仰卧屈髋屈膝位（见 48 页）：收下巴和颈部转动（见 52 页）
- 弹力带臀桥（见 159 页）
- 卷腹下的单膝开合（见 93 页）
- 双腿伸展预备式（见 122 页）
- 侧面扭转预备式（见 138 页）
- 蜥式起身（见 178 页）
- 猫式伸展（见 95 页）
- 休息姿势下的腹式深呼吸（见 108 页）
- 骨盆卷动之单腿滑行（见 131 页）
- 站姿单侧伸展（见 104 页）
- 弹力带普拉提深蹲（见 169 页）

中等时间训练·难度1~3（25~30分钟）

这里将介绍7个稍长时间的训练计划，每个计划包含17~18个练习动作。比起短时间训练你需要花时间将练习动作重复更多次。像之前一样，请进行循环练习，选择适合你的难度等级。

如果时间允许，你可以在训练计划中加入深长的腹式呼吸（见63页）。

训练计划 1

- 仰卧屈髋屈膝位（见48页）：收下巴和颈部转动（见52页）
- 单臂沉肩（见78页）
- 脊柱卷动下的胸腔闭合（见91页）
- 髋部卷动（见102页）
- 卷腹下的单腿滑行（见93页）
- 卷腹旋体下的单手伸展（见117页）
- 百次拍击——选择适合的难度等级（见124页）
- 负重仰卧手臂开合（见101页）
- 侧卧屈膝（见89页）
- 眼镜蛇预备式（见174页）
- 桌面式难度2（见75页）
- 休息姿势（见108页）
- 骨盆卷动（见130页）
- 高位跪姿弓箭步下的单侧伸展（见105页）
- 站姿手臂负重练习系列：二头上推（见153页）
- 提踵普拉提深蹲（见169页）

训练计划 2

- 肩部划圈（见84页）
- 弹力带普拉提深蹲（见169页）
- 站姿单侧伸展（见104页）
- 高位跪姿弓箭步下的腰部扭转（见98页）
- 仰卧屈髋屈膝位（见48页）：收下巴和颈部转动（见52页）
- 双膝转动之胸腔闭合（见73页）
- 弹力带臀桥（见159页）

- 髋部卷动之腿部伸展（见103页）
- 卷腹下的单膝行军踏步（见93页）
- 双腿伸展预备式（见122页）
- 蝴蝶式（见101页）
- 鱼雷预备式（见142页）
- 俯卧起飞式（见180页）
- 俯卧抬腿预备式（见85页）
- 猫式伸展（见95页）
- 休息姿势下的腹式深呼吸（见108页）
- 墙式俯卧撑（见146页）
- 动态弓箭步下的二头弯举（见173页）
- 负重向下卷动（见112页）

训练计划 3

- 坐姿青蛙（见53页）：围巾呼吸（见62页）
- 双臂飘起（见83页）
- 坐姿腰部扭转（见97页）
- 仰卧屈髋屈膝位（见48页）：收下巴和颈部转动（见52页）
- 肩部划圈（见84页）
- 双膝转动之手臂抬起（见73页）

- 脊柱卷动下的单膝开合（见 91 页）
- 卷腹下的单膝行军踏步（见 93 页）
- 卷腹旋体下的单手伸展（见 117 页）
- 侧卧屈膝双臂举过头顶（见 88 页）
- 侧面扭转预备式（见 138 页）
- 俯卧起飞式之单臂飘起（见 181 页）
- 桌面式之抬臂敬礼（见 76 页）
- 休息姿势（见 108 页）
- 坐姿 "C" 字卷曲（见 94 页）
- 手臂负重练习系列：仰卧悬臂二头弯举，仰卧推胸，仰泳手臂练习，飞鸟（见 151 页）
- 站姿单侧伸展（见 104 页）
- 动态弓箭步下（跨步向前）的双臂飘起（见 172 页）
- 提踵普拉提深蹲（见 169 页）

训练计划 4
- 仰卧屈髋屈膝位（见 48 页）：收下巴和颈部转动（见 52 页）
- 腹式深呼吸放松（见 63 页）
- 单臂沉肩（见 78 页）
- 胸腔闭合（见 79 页）

- 仰卧单膝屈伸之抬臂（见 72 页）
- 脊柱卷动下的肩部划圈（见 91 页）
- 卷腹下的单腿滑行（见 93 页）
- 单腿伸展足尖点地（见 120 页）
- 负重仰卧手臂开合（见 101 页）
- 弹力带蚌式开合（见 88 页）
- 鱼雷预备式（见 142 页）
- 眼镜蛇预备式转颈（见 175 页）
- 猫式伸展（见 95 页）
- 休息姿势（见 108 页）
- 背桥（见 162 页）
- 高位跪姿弓箭步下的单侧伸展（见 105 页）
- 提踵普拉提深蹲（见 169 页）
- 动态弓箭步下的二头弯举（见 173 页）
- 负重向下卷动（见 112 页）

训练计划 5
- 胸腔闭合之墙壁滑动和提踵（见 81 页）
- 站姿单侧伸展（见 104 页）
- 仰卧屈髋屈膝位（见 48 页）：收下巴和颈部转动（见 52 页）
- 双膝转动之手臂抬起（见 73 页）

- 基础臀桥（见158页）
- 髋部卷动之腿部伸展（见103页）
- 卷腹下的单腿滑行（见93页）
- 卷腹旋体下的单手伸展（见117页）
- 百次拍击——选择适合的难度等级（见124页）
- 蝴蝶式（见101页）
- 侧踢系列：侧卧单腿划圈（见141页）
- 俯卧菱形手位下的抬臂敬礼（见107页）
- 双膝跪地俯卧撑（见150页）
- 休息姿势（见108页）
- 骨盆卷动之单腿滑行（见131页）
- 弹力带普拉提深蹲（见169页）
- 动态弓箭步下的二头弯举（见173页）
- 普拉提站姿下的双臂飘起（见83页）

训练计划6

- 仰卧屈髋屈膝位（见48页）：收下巴和颈部转动（见52页）
- 深长的腹式呼吸（见63页）
- 肩部划圈（见84页）
- 脊柱卷动下的单膝开合（见91页）
- 髋部卷动之腿部伸展（见103页）

- 卷腹下的单膝行军踏步（见93页）
- 双腿伸展预备式（见122页）
- 负重仰卧手臂开合（见101页）
- 弹力带蚌式开合（见88页）
- 蜥式起身（见178页）
- 俯卧抬膝预备式（见85页）
- 四肢跪地之飞鸟（见144页）
- 休息姿势（见108页）
- 背桥（见162页）
- 手臂负重练习系列：仰卧悬臂二头弯举，仰卧推胸，仰泳手臂练习，飞鸟（见151页）
- 高位跪姿弓箭步下的单侧伸展（见105页）
- 提踵普拉提深蹲（见169页）
- 动态弓箭步下的双臂飘起（见172页）
- 负重向下卷动（见112页）

训练计划7

- 提踵普拉提站姿（见60页）
- 站姿肩部划圈（见84页）
- 站姿腰部扭转（见97页）
- 单臂墙式俯卧撑（见147页）
- 仰卧屈髋屈膝位（见48页）：收下巴和颈部转动（见52页）

- 双膝转动之胸腔闭合（见 73 页）
- 弹力带臀桥（见 159 页）
- 卷腹下的单腿滑行（见 93 页）
- 卷腹旋体下的单膝行军踏步（见 117 页）
- 百次拍击——选择适合的难度等级（见 124 页）
- 鱼雷式（见 143 页）
- 俯卧起飞式（见 180 页）
- 俯卧抬腿预备式（见 85 页）
- 猫式伸展（见 95 页）
- 桌面式难度 2（见 75 页）
- 休息姿势（见 108 页）
- 骨盆卷动（见 130 页）
- 高位跪姿弓箭步下的单侧伸展（见 105 页）
- 普拉提深蹲下的二头弯举（见 169 页）
- 动态弓箭步下的双臂飘起（见 172 页）
- 向下卷动（见 110 页）

长时间训练·难度1~3（45~50分钟）

在每个训练计划中有22余个练习动作。请尽可能完成训练计划中建议的次数，来获得最大的效果。在练习中，当你的关节得到适当的热身后，你可以在训练计划的中间部分额外加入腹部，臀部或手臂的练习。

像之前一样，你可以根据需要加入深长的腹式呼吸（见63页）来进行放松。

训练计划 1

- 仰卧屈髋屈膝位（见48页）：收下巴和颈部转动（见52页）
- 单臂沉肩（见78页）
- 双膝转动之胸腔闭合（见73页）
- 脊柱卷动（见90页）
- 卷腹下的单腿滑行（见93页）
- 卷腹旋体下的单手伸展（见117页）
- 单腿伸展足尖点地（见120页）
- 髋部卷动（见102页）
- 弹力带蚌式开合（见88页）
- 鱼雷预备式（见142页）
- 负重仰卧手臂开合（见101页）
- 蜥式起身（见178页）
- 俯卧菱形手位下的单腿抬高（见107页）
- 单臂猫式伸展（见96页）
- 四肢跪地之飞鸟（见144页）
- 休息姿势下的腹式深呼吸（见108页）
- 坐姿青蛙（见53页）：腰部扭转（见96页）
- 骨盆卷动之单腿滑行（见131页）
- 背桥（见162页）
- 高位跪姿弓箭步下的单侧伸展（见105页）
- 动态弓箭步下的双臂飘起（见172页）
- 双腿上提下压（见156页）
- 负重向下卷动（见112页）

训练计划 2
- 提踵普拉提站姿（见 60 页）
- 站姿肩部划圈（见 84 页）
- 站姿单侧伸展（见 104 页）
- 仰卧屈髋屈膝位（见 48 页）：收下巴和颈部转动（见 52 页）
- 百次呼吸（见 63 页）
- 胸腔闭合（见 79 页）
- 仰卧单膝屈伸之抬臂（见 72 页）
- 弹力带臀桥（见 159 页）
- 髋部卷动（见 102 页）
- 卷腹下的单膝开合（见 93 页）
- 卷腹旋体（见 117 页）
- 双腿伸展预备式（见 122 页）
- 蝴蝶式（见 101 页）
- 侧踢系列：侧卧单腿划圈（见 141 页）
- 侧面扭转预备式（见 138 页）
- 眼镜蛇预备式（见 174 页）
- 俯卧起飞式之单臂飘起（见 181 页）
- 猫式伸展（见 95 页）
- 双膝跪地俯卧撑（见 150 页）
- 休息姿势（见 108 页）
- 背桥（见 162 页）
- 高位跪姿弓箭步下的腰部扭转（见 98 页）
- 动态弓箭步下的二头弯举（见 173 页）
- 负重向下卷动（见 112 页）

训练计划 3
- 胸腔闭合之墙壁滑动（见 81 页）
- 高位跪立下的单侧伸展（见 104 页）
- 仰卧屈髋屈膝位（见 48 页）：收下巴和颈部转动（见 52 页）
- 单臂沉肩（见 78 页）
- 脊柱卷动下的肩部划圈（见 91 页）
- 卷腹下的单腿滑行（见 93 页）
- 卷腹旋体下的单膝行军踏步（见 117 页）
- 百次拍击——选择适合的难度等级（见 124 页）
- 负重仰卧手臂开合（见 101 页）
- 侧卧屈膝（见 89 页）
- 鱼雷预备式（见 142 页）
- 俯卧菱形手位下的抬臂敬礼（见 107 页）
- 俯卧起飞式之单臂飘起（见 181 页）
- 桌面式之抬臂敬礼（见 76 页）
- 猫式伸展（见 95 页）
- 休息姿势（见 108 页）
- 手臂负重练习系列：仰卧悬臂二头弯举，仰卧推胸，仰泳手臂练习，飞鸟（见 151 页）
- 骨盆卷动之单腿滑行（见 131 页）

- 高位跪姿弓箭步下的腰部扭转（见 98 页）
- 动态弓箭步下的双臂飘起（见 172 页）
- 普拉提深蹲（见 168 页）

训练计划 4

- 坐姿青蛙（见 53 页）：腰部扭转（见 96 页）
- 双臂飘起（见 83 页）
- 坐姿围巾呼吸（见 62 页）
- 仰卧屈髋屈膝位（见 48 页）：收下巴和颈部转动（见 52 页）
- 单臂沉肩（见 78 页）
- 双膝转动之胸腔闭合（见 73 页）
- 弹力带臀桥（见 159 页）
- 脊柱卷动（见 90 页）
- 髋部卷动之腿部伸展（见 103 页）
- 卷腹下的单膝行军踏步（见 93 页）
- 卷腹旋体下的单手伸展（见 117 页）
- 双腿伸展预备式（见 122 页）
- 蝴蝶式（见 101 页）
- 侧面扭转预备式（见 138 页）
- 侧踢系列：侧卧单腿划圈（见 141 页）
- 蜥式起身（见 178 页）
- 俯卧起飞式之单侧伸展（见 182 页）
- 俯卧抬膝预备式（见 85 页）
- 休息姿势（见 108 页）
- 双膝跪地俯卧撑（见 150 页）
- 猫式伸展（见 95 页）
- 坐姿"C"字卷曲（见94 页）
- 背桥（见 162 页）
- 高位跪姿弓箭步下的单侧伸展（见 105 页）
- 动态弓箭步下的二头弯举（见 173 页）
- 弹力带普拉提深蹲（见 169 页）
- 负重向下卷动（见 112 页）

训练计划 5

- 仰卧屈髋屈膝位（见 48 页）：收下巴和颈部转动（见 52 页）
- 单臂沉肩（见 78 页）
- 肩部划圈（见 84 页）
- 脊柱卷动下的单膝开合（见 91 页）
- 卷腹下的单腿滑行（见 93 页）
- 卷腹旋体（见 117 页）
- 单腿伸展足尖点地（见 120 页）
- 髋部卷动（见 102 页）
- 百次拍击难度 3（见 126 页）
- 蝴蝶式（见 101 页）
- 弹力带蚌式开合（见 88 页）
- 鱼雷式（见 143 页）
- 俯卧菱形手位下的抬臂敬礼（见 107 页）
- 俯卧抬膝预备式（见 85 页）
- 单臂猫式伸展（见 96 页）
- 桌面式之屈膝（见 77 页）
- 休息姿势下的腹式深呼吸（见 108 页）
- 骨盆卷动之单腿滑行（见 131 页）
- 高位跪姿弓箭步下的单侧伸展（见 105 页）
- 动态弓箭步（见 170 页）
- 手臂负重练习系列：仰卧悬臂二头弯举，仰卧推胸（见 151～152 页）
- 提踵普拉提深蹲（见 169 页）

训练难度 1～5

我们建议你在训练难度1～3的训练中加入更困难的训练，而不是给你更多训练难度3～5的练习。我们按照自己的节奏在运动技巧、力量和灵活性上不断取得进步，所以必须由你来决定什么时候你已经做好准备，可以挑战更高的难度。为了帮助你参考，这里有训练难度4～5的练习，它们还没有加入到你的训练计划中。当你觉得准备好的时候，请采用这些练习。

难度 4 的训练
- 髋部卷动之胸腔闭合（见 103 页）
- 桌面式之抬臂敬礼与屈膝（见 77 页）
- 桌面式负重腿部抬起（见 145 页）
- 负重单臂飘起（见 83 页）
- 侧卧屈膝双臂举过头顶（见 88 页）
- 脊柱卷动下的膝盖屈曲（见 91 页）
- 脊柱卷动下的双臂抬起（见 91 页）
- 静态站姿弓箭步下的腰部扭转（见 98 页）
- 静态站姿弓箭步下的单侧伸展（见 105 页）
- 俯卧菱形手位下的抬臂敬礼和单腿抬高（见 107 页）
- 提踵向下卷动（见 112 页）
- 卷腹旋体下的单手更多伸展（见 117 页）
- 单腿伸展（见 121 页）
- 双腿菱形位下落（见 128 页）
- 骨盆卷动之行军踏步（见 132 页）
- 骨盆卷动之二头弯举（见 134 页）
- 骨盆卷动之划船预备式（见 135 页）
- 动态侧面扭转预备式（见 139 页）
- 鱼雷式下的俯卧弯腿（见 143 页）
- 鱼雷式下的双腿抬起（见 143 页）
- 单臂双膝跪地俯卧撑（见 150 页）
- 前拉腿预备式（见 148 页）
- 双腿上提下压动作下的双臂飘起（见 157 页）
- 臀桥之行军踏步（见 159 页）
- 单腿臀桥（见 160 页）
- 动态弓箭步下的负重双臂飘起（见 173 页）
- 完全眼镜蛇式（见 176 页）
- 蜥式起身之单膝和脚踝弯曲（见 179 页）
- 俯卧起飞式之双臂飘起（见 181 页）
- 俯卧腿部拍击（见 177 页）
- 站姿后弯（见 184 页）
- 站姿后弯下的肩部划圈（见 185 页）
- 百次拍击难度 4（见 126 页）

难度 5 的训练
- 双腿伸展（见 123 页）
- 双手抱头下的双腿菱形位下落（见 129 页）
- 骨盆卷动之双腿滑行（见 132 页）
- 骨盆卷动之划船预备式的旋转（见 136 页）
- 十字交叉卷腹（见 118 页）
- 百次拍击难度 5（见 127 页）
- 踮脚尖单腿臀桥（见 161 页）
- 背桥之单膝屈伸（见 163 页）
- 单腿背桥（见 164 页）
- 后拉腿预备式（见 166 页）
- 动态侧面扭转预备式 2（见 140 页）
- 踮脚尖单腿臀桥（见 161 页）
- 鱼雷式下的双臂双腿抬起（见 143 页）
- 动态站姿弓箭步下的腰部扭转（见 99 页）
- 俯卧起飞式之双臂同时飘起（见 181 页）

训练难度 1~6

下面这些练习会对你带来真正的挑战。

难度4和难度6的训练有很大的差别,所以请选择适合你的练习难度。当你做难度较大的练习时,在训练的开始阶段请将关节充分活动开,这一点尤其重要。千万不要跳过热身部分!

短时间训练·难度1~6(10~15分钟)

在10分钟的训练计划中加入难度6的练习动作很困难,因此在短时间训练中我们没有将高难度的动作设计进去。但这些训练仍然会给你带来挑战。

训练计划 1

- 仰卧屈髋屈膝位(见48页):收下巴和颈部转动(见52页)
- 双膝转动之胸腔闭合(见73页)
- 脊柱卷动下的单膝开合(见91页)
- 髋部卷动之腿部伸展(见103页)
- 卷腹下的双膝行军踏步(见93页)
- 卷腹旋体下的单手更多伸展(见117页)
- 百次拍击(见124页)
- 鱼雷式(见143页)
- 俯卧起飞式之单侧伸展(见182页)
- 单臂猫式伸展(见96页)
- 休息姿势(见108页)
- 高位跪姿弓箭步下的单侧伸展(见105页)
- 负重向下卷动(见112页)

训练计划 2

- 提踵普拉提站姿下的肩部划圈(见84页)
- 高位跪立下的单侧伸展(见104页)
- 围巾呼吸(见62页)
- 仰卧屈髋屈膝位(见48页):收下巴和颈部转动(见52页)
- 基础臀桥(见158页)
- 卷腹旋体下的单手伸展(见117页)
- 双腿伸展预备式(见122页)
- 双腿菱形位下落(见128页)
- 蝴蝶式(见101页)
- 蜥式起身(见178页)
- 桌面式之飞鸟(见145页)
- 休息姿势(见108页)
- 骨盆卷动之行军踏步(见132页)
- 动态弓箭步下的二头弯举(见173页)

训练计划 3

- 胸腔闭合之墙壁滑动和提踵(见81页)
- 仰卧屈髋屈膝位(见48页):收下巴和颈部转动(见52页)
- 脊柱卷动下的肩部划圈(见91页)
- 卷腹下的双膝行军踏步(见93页)
- 百次拍击——选择适合的难度等级(见124页)
- 负重仰卧手臂开合(见101页)
- 半程俯卧抬腿(见86页)
- 猫式伸展(见95页)
- 休息姿势(见108页)
- 背桥(见162页)
- 高位跪姿弓箭步下的单侧伸展(见105页)
- 动态弓箭步下的双臂飘起(见172页)
- 负重向下卷动(见112页)

训练计划 4

- 坐姿青蛙(见53页):腰部扭转(见97页)
- 仰卧屈髋屈膝位(见48页):收下巴和颈部转动(见52页)
- 髋部卷动之胸腔闭合(见103页)
- 卷腹旋体下的单手伸展(见117页)
- 单腿伸展足尖点地(见120页)
- 侧卧屈膝(见89页)
- 眼镜蛇预备式(见174页)或完全眼镜蛇式(见176页)

- 桌面式之抬臂敬礼与屈膝（见 77 页）
- 休息姿势下的腹式深呼吸（见 108 页）
- 背桥（见 162 页）
- 骨盆卷动（见 130 页）
- 静态站姿弓箭步下的单侧伸展（见 105 页）
- 弹力带普拉提深蹲（见 169 页）

训练计划 5
- 仰卧屈髋屈膝位（见 48 页）：收下巴和颈部转动（见 52 页）
- 肩部划圈（见 84 页）
- 脊柱卷动下的单膝开合（见 91 页）
- 卷腹下的双膝行军踏步（见 93 页）
- 双腿伸展预备式（见 122 页）
- 百次拍击（见 124 页）
- 蝴蝶式（见 101 页）
- 俯卧起飞式之单侧伸展（见 182 页）
- 高位跪姿弓箭步下的腰部扭转（见 98 页）
- 弹力带普拉提深蹲（见 169 页）
- 负重提踵向下卷动（见 112 页）

训练计划 6
- 提踵普拉提站姿下的双臂飘起（见 83 页）
- 仰卧屈髋屈膝位（见 48 页）：收下巴和颈部转动（见 52 页）
- 弹力带臀桥（见 159 页）
- 髋部卷动之胸腔闭合（见 103 页）
- 单腿伸展（见 121 页）
- 双腿菱形位下落（见 128 页）
- 侧踢系列：侧卧单腿划圈（见 141 页）
- 俯卧菱形手位下的抬臂敬礼和单腿抬高（见 107 页）
- 双膝跪地俯卧撑（见 150 页）
- 休息姿势下的腹式深呼吸（见 108 页）
- 骨盆卷动之单腿滑行（见 131 页）
- 高位跪姿弓箭步下的单侧伸展（见 105 页）
- 站姿后弯下的肩部划圈（见 185 页）

训练计划 7
- 胸腔闭合之墙壁滑动和提踵（见 81 页）
- 高位跪姿弓箭步下的腰部扭转（见 98 页）
- 仰卧屈髋屈膝位（见 48 页）：收下巴和颈部转动（见 52 页）
- 脊柱卷动下的胸腔闭合（见 91 页）
- 卷腹下的双膝行军踏步（见 93 页）
- 双腿伸展预备式（见 122 页）
- 百次拍击（见 124 页）
- 侧卧屈膝（见 89 页）
- 俯卧起飞式之单侧伸展和单臂飘起（见 183 页）
- 单臂猫式伸展（见 96 页）
- 休息姿势（见 108 页）
- 背桥（见 162 页）
- 动态站姿弓箭步下的二头弯举（见 173 页）
- 负重向下卷动（见 112 页）

训练计划 8
- 坐姿青蛙下的单臂伸展（见 53 页）
- 坐姿围巾呼吸（见 62 页）
- 仰卧屈髋屈膝位（见 48 页）：收下巴和颈部转动（见 52 页）
- 双膝转动之胸腔闭合（见 73 页）
- 基础臀桥（见 158 页）
- 卷腹旋体下的单手更多伸展（见 117 页）
- 双腿菱形位下落（见 128 页）
- 蝴蝶式（见 101 页）
- 蜥式起身（见 178 页）
- 桌面式之飞鸟（见 145 页）
- 休息姿势（见 108 页）
- 骨盆卷动之单腿滑行（见 131 页）
- 普拉提深蹲（见 169 页）

训练计划 9
- 普拉提站姿（见60页）：负重单臂飘起（见83页）
- 高位跪立下的腰部扭转（见97页）
- 仰卧屈髋屈膝位（见48页）：收下巴和颈部转动（见52页）
- 脊柱卷动下的单膝开合（见91页）
- 卷腹下的双膝行军踏步（见93页）
- 双腿伸展预备式（见122页）
- 百次拍击——选择适合的难度等级（见124页）
- 侧面扭转预备式（见138页）
- 俯卧菱形手位下的抬臂敬礼和单腿抬高（见107页）
- 双膝跪地俯卧撑（见150页）
- 休息姿势下的腹式深呼吸（见108页）
- 背桥之行军踏步（见163页）
- 负重向下卷动（见112页）

训练计划 10
- 仰卧屈髋屈膝位（见48页）：收下巴和颈部转动（见52页）
- 百次呼吸（见63页）
- 双膝转动之胸腔闭合（见73页）
- 脊柱卷动下的肩部划圈（见91页）
- 卷腹旋体下的单手更多伸展（见117页）
- 单腿伸展（见121页）
- 双腿菱形位下落（见128页）
- 负重仰卧手臂开合（见101页）
- 俯卧起飞式之双臂飘起（见181页）
- 单臂猫式伸展（见96页）
- 休息姿势（见108页）
- 高位跪姿弓箭步下的单侧伸展（见105页）
- 动态弓箭步下的二头弯举（见173页）
- 弹力带深蹲（见169页）

中等时间训练·难度1~6（25~30分钟）

在这里我们提供7个训练计划，让你进行循环训练。记住，你可以在训练计划中加入额外的特定部位的练习动作。

训练计划 1
- 提踵普拉提站姿下的肩部划圈（见 84 页）
- 站姿单侧伸展（见 104 页）
- 仰卧屈髋屈膝位（见 48 页）：收下巴和颈部转动（见 52 页）
- 负重双臂沉肩（见 78 页）
- 双膝转动之胸腔闭合（见 73 页）
- 卷腹下的单膝开合（见 93 页）
- 脊柱卷动下的膝盖屈曲（见 91 页）
- 卷腹旋体下的单手更多伸展（见 117 页）
- 单腿伸展足尖点地（见 120 页）
- 负重仰卧手臂开合（见 101 页）
- 弹力带蚌式开合（见 88 页）
- 鱼雷式下的俯卧弯腿（见 143 页）
- 俯卧菱形手位下的抬臂敬礼和单腿抬高（见 107 页）
- 眼镜蛇预备式（见 174 页）或完全眼镜蛇式（见 176 页）
- 桌面式之飞鸟（见 145 页）
- 单臂猫式伸展（见 96 页）
- 休息姿势下的腹式深呼吸（见 108 页）
- 骨盆卷动之二头弯举（见 134 页）
- 单腿背桥（见 164 页）
- 高位跪姿弓箭步下的腰部扭转（见 98 页）
- 动态弓箭步下的双臂飘起（见 172 页）
- 提踵向下卷动（见 112 页）

训练计划 2
- 胸腔闭合之墙壁滑动和提踵（见 81 页）
- 站姿腰部扭转（见 97 页）
- 双腿上提下压（见 156 页）
- 仰卧屈髋屈膝位（见 48 页）：收下巴和颈部转动（见 52 页）
- 弹力带臀桥（见 159 页）
- 髋部卷动之胸腔闭合（见 103 页）
- 卷腹下的单腿滑行（见 93 页）
- 双腿伸展（见 123 页）
- 双腿菱形位下落（见 128 页）
- 百次呼吸（见 63 页）
- 侧卧屈膝（见 89 页）
- 蝴蝶式（见 101 页）
- 眼镜蛇预备式（见 174 页）或完全眼镜蛇式（见 176 页）
- 蜥式起身（见 178 页）
- 桌面式之抬臂敬礼与屈膝（见 77 页）
- 休息姿势（见 108 页）
- 手臂负重练习系列：仰卧悬臂二头弯举，仰卧推胸，仰泳手臂练习，飞鸟（见 151~152 页）
- 动态侧面扭转预备式（见 139 页）
- 高位跪姿弓箭步下的单侧伸展（见 105 页）
- 动态弓箭步下的双臂飘起（见 172 页）
- 提踵负重向下卷动（见 113 页）

训练计划 3
- 坐姿青蛙下的单臂伸展（见 53 页）
- 仰卧屈髋屈膝位（见 48 页）：收下巴和颈部转动（见 52 页）
- 双膝转动（见 73 页）
- 脊柱卷动下的胸腔闭合（见 91 页）
- 卷腹下的双膝行军踏步（见 93 页）
- 卷腹旋体下的单手更多伸展（见 117 页）
- 百次拍击（见 124 页）
- 弹力带蚌式开合（见 88 页）
- 负重仰卧手臂开合（见 101 页）
- 侧踢系列：侧卧单腿划圈（见 141 页）
- 俯卧起飞式之双臂飘起（见 181 页）
- 俯卧抬膝预备式（见 85 页）
- 单臂猫式伸展（见 96 页）
- 侧面扭转预备式（见 138 页）
- 背桥之单膝屈伸（见 163 页）

- 骨盆卷动之单腿滑行（见 131 页）
- 高位跪立下的腰部扭转（见 97 页）
- 动态弓箭步下的二头弯举（见 173 页）
- 负重向下卷动（见 112 页）

训练计划 4
- 仰卧屈髋屈膝位（见 48 页）：收下巴和颈部转动（见 52 页）
- 单臂沉肩（见 78 页）

- 肩部划圈（见 84 页）
- 单膝开合（见 69 页）
- 卷腹下的单腿滑行（见 93 页）
- 臀桥之行军踏步（见 159 页）
- 髋部卷动之腿部伸展（见 103 页）
- 卷腹旋体下的单手更多伸展（见 117 页）
- 双腿菱形位下落（见 128 页）
- 十字交叉卷腹（见 118 页）
- 蝴蝶式（见 101 页）
- 侧卧屈膝（见 89 页）
- 鱼雷式下的双腿抬起（见 143 页）
- 眼镜蛇预备式（见 174 页）或完全眼镜蛇式（见 176 页）
- 俯卧起飞式之双臂飘起（见 181 页）
- 双膝跪地俯卧撑（见 150 页）
- 猫式伸展（见 95 页）
- 休息姿势下的腹式深呼吸（见 108 页）
- 骨盆卷动之二头弯举（见 134 页）
- 背桥之行军踏步（见 163 页）
- 高位跪姿弓箭步下的单侧伸展（见 105 页）
- 动态站姿弓箭步下的腰部扭转（见 99 页）
- 双臂飘起下的向下卷动（见 113 页）

训练计划 5
- 普拉提站姿下的双臂飘起（见 83 页）
- 站姿单侧伸展（见 104 页）
- 弹力带普拉提深蹲（见 169 页）
- 高位跪立下的腰部扭转（见 97 页）
- 仰卧屈髋屈膝位（见 48 页）：收下巴和颈部转动（见 52 页）
- 双膝转动之胸腔闭合（见 73 页）
- 弹力带臀桥（见 159 页）
- 卷腹下的单腿滑行（见 93 页）
- 卷腹旋体下的单手更多伸展（见 117 页）
- 双腿伸展（见 123 页）
- 百次拍击（见 124 页）

- 弹力带蚌式开合（见 88 页）
- 侧卧屈膝（见 89 页）
- 负重仰卧手臂开合（见 101 页）
- 眼镜蛇预备式（见 174 页）或完全眼镜蛇式（见 176 页）
- 半程俯卧抬腿（见 86 页）
- 桌面式之抬臂敬礼与屈膝（见 77 页）
- 休息姿势（见 108 页）
- 骨盆卷动之行军踏步（见 132 页）
- 背桥之单膝屈伸和下落（见 164 页）
- 双腿上提下压（见 156 页）
- 动态站姿弓箭步下的二头弯举（见 173 页）
- 提踵向下卷动（见 112 页）

训练计划 6
- 仰卧屈髋屈膝位（见 48 页）：收下巴和颈部转动（见 52 页）
- 单臂沉肩（见 78 页）
- 百次呼吸（见 63 页）
- 双膝转动之胸腔闭合（见 73 页）
- 脊柱卷动下的单膝开合（见 91 页）
- 髋部卷动之胸腔闭合（见 103 页）
- 卷腹下的单腿滑行（见 93 页）
- 双腿伸展（见 123 页）
- 双腿菱形位下落（见 128 页）
- 负重仰卧手臂开合（见 101 页）
- 侧踢系列：侧卧单腿划圈（见 141 页）
- 俯卧菱形手位下的抬臂敬礼和单腿抬高（见 107 页）
- 蜥式起身（见 178 页）
- 俯卧腿部拍击（见 177 页）
- 单臂双膝跪地俯卧撑（见 150 页）
- 猫式伸展（见 95 页）
- 休息姿势（见 108 页）
- 背桥之行军踏步（见 163 页）
- 骨盆卷动之划船变式（见 136 页）
- 站姿单侧伸展（见 104 页）

- 动态站姿弓箭步下的腰部扭转（见 99 页）
- 向下卷动（见 110 页）

训练计划 7
- 坐姿青蛙下的单臂伸展（见 53 页）
- 仰卧屈髋屈膝位（见 48 页）：收下巴和颈部转动（见 52 页）
- 腹式深呼吸放松（见 63 页）
- 肩部划圈（见 84 页）
- 单膝开合（见 69 页）
- 脊柱卷动下的膝盖屈曲（见 91 页）
- 髋部卷动之腿部伸展（见 103 页）

6　塑形训练计划　215

- 卷腹下的双膝行军踏步（见 93 页）
- 单腿伸展（见 121 页）
- 百次拍击——选择适合的难度等级（见 124 页）
- 鱼雷式下的双腿抬起（见 143 页）
- 蝴蝶式（见 101 页）
- 俯卧菱形手位下的抬臂敬礼和单腿抬高（见 107 页）
- 俯卧起飞式之单侧伸展（见 182 页）
- 猫式伸展（见 95 页）
- 动态侧面扭转预备式（见 139 页）
- 骨盆卷动之单腿滑行（见 131 页）
- 单腿背桥（见 164 页）
- 高位跪姿弓箭步下的腰部扭转（见 98 页）
- 站姿手臂负重练习系列：仰卧悬臂二头弯举，仰卧推胸（见 151～152 页）
- 动态弓箭步下的双臂飘起（见 172 页）
- 提踵普拉提深蹲（见 169 页）

长时间训练·难度1~6（45~50分钟）

　　对我来说一次完整的普拉提训练就是一场终极享受。身体和心灵一起来品味运动的乐趣。每次都超越了巧克力的美味！和之前一样，你可以加入深长的腹式呼吸（见63页）在你需要放松的时候。

训练计划 1

- 站姿单侧伸展（见 104 页）
- 高位跪姿弓箭步下的腰部扭转（见 98 页）
- 坐姿围巾呼吸（见 62 页）
- 仰卧屈髋屈膝位（见 48 页）：收下巴和颈部转动（见 52 页）
- 单臂沉肩（见 78 页）
- 肩部划圈（见 84 页）
- 臀桥之行军踏步（见 159 页）
- 髋部卷动之腿部伸展（见 103 页）
- 卷腹下的双膝行军踏步（见 93 页）
- 卷腹旋体下的单手更多伸展（见 117 页）
- 双腿伸展（见 123 页）
- 十字交叉卷腹（见 118 页）
- 蝴蝶式（见 101 页）
- 侧卧屈膝（见 89 页）
- 手臂负重练习系列：仰卧悬臂二头弯举，仰卧推胸，仰泳手臂练习，飞鸟（见 151～152 页）
- 俯卧起飞式之单侧伸展（见 182 页）
- 蜥式起身（见 178 页）
- 桌面式之抬臂敬礼与屈膝（见 77 页）
- 猫式伸展（见 95 页）
- 骨盆卷动之划船预备式（见 135 页）
- 单腿背桥（见 164 页）
- 动态弓箭步下的双臂飘起（见 172 页）
- 站姿后弯下的肩部划圈（见 185 页）
- 负重向下卷动（见 112 页）

训练计划 2
- 胸腔闭合之墙壁滑动（见 81 页）
- 站姿单侧伸展（见 104 页）
- 双腿上提下压（见 156 页）
- 仰卧屈髋屈膝位（见 48 页）：收下巴和颈部转动（见 52 页）
- 单臂沉肩（见 78 页）
- 仰卧双膝行军踏步下的手臂抬起（见 70 页）
- 脊柱卷动下的肩部划圈（见 91 页）
- 卷腹下的单腿滑行（见 93 页）
- 单腿伸展（见 121 页）
- 百次拍击——选择适合的难度等级（见 124 页）
- 双腿菱形位下落（见 128 页）
- 弹力带蚌式开合（见 88 页）
- 侧踢系列：侧卧单腿划圈（见 141 页）
- 负重仰卧手臂开合（见 101 页）
- 眼镜蛇预备式（见 174 页）或完全眼镜蛇式（见 176 页）
- 半程俯卧抬腿（见 86 页）
- 俯卧腿部拍击（见 177 页）
- 单臂猫式伸展（见 96 页）
- 休息姿势（见 108 页）
- 动态侧面扭转预备式（见 139 页）
- 后拉腿（见 167 页）
- 骨盆卷动之行军踏步（见 132 页）
- 高位跪姿弓箭步下的单侧伸展（见 105 页）
- 动态弓箭步下的双臂飘起（见 172 页）
- 普拉提深蹲下的二头弯举（见 169 页）
- 向下卷动（见 110 页）

训练计划 3
- 仰卧屈髋屈膝位（见 48 页）：收下巴和颈部转动（见 52 页）
- 单臂沉肩（见 78 页）
- 双膝转动之胸腔闭合（见 73 页）
- 基础臀桥（见 158 页）
- 卷腹下的双膝行军踏步（见 93 页）
- 髋部卷动之腿部伸展（见 103 页）
- 十字交叉卷腹（见 118 页）
- 百次拍击——选择适合的难度等级（见 124 页）
- 双腿菱形位下落（见 128 页）
- 弹力带蚌式开合（见 88 页）
- 鱼雷式下的双腿抬起（见 143 页）
- 蝴蝶式（见 101 页）
- 俯卧起飞式之双臂飘起（见 181 页）
- 蜥式起身之单膝和脚踝弯曲（见 179 页）
- 单臂猫式伸展（见 96 页）
- 桌面式之飞鸟和单腿抬起（见 145 页）
- 休息姿势（见 108 页）
- 骨盆卷动之划船预备式的旋转（见 136 页）
- 背桥之单膝屈伸和下落（见 164 页）
- 高位跪姿弓箭步下的单侧伸展（见 105 页）
- 手臂负重练习系列：仰卧悬臂二头弯举，仰卧推胸（见 151~152 页）
- 动态弓箭步下的单臂飘起（交替做）（见 172 页）
- 站姿后弯下的肩部划圈（见 185 页）

训练计划 4
- 坐姿青蛙下的单臂伸展（见 53 页）
- 坐姿围巾呼吸（见 62 页）
- 仰卧屈髋屈膝位（见 48 页）：收下巴和颈部转动（见 52 页）
- 肩部划圈（见 84 页）
- 脊柱卷动下的单膝开合（见 91 页）
- 髋部卷动之胸腔闭合（见 103 页）
- 卷腹下的单腿滑行（见 93 页）
- 卷腹旋体下的单手更多伸展（见 117 页）
- 单腿伸展（见 121 页）
- 双腿伸展（见 123 页）
- 侧卧屈膝（见 89 页）
- 负重仰卧手臂开合（见 101 页）
- 俯卧菱形手位下的抬臂敬礼（见 107 页）

- 眼镜蛇预备式（见 174 页）或完全眼镜蛇式（见 176 页）
- 俯卧腿部拍击（见 177 页）
- 猫式伸展（见 95 页）
- 前拉腿（见 148 页）或桌面式之屈膝（见 77 页）
- 休息姿势（见 108 页）
- 骨盆卷动之单腿或双腿滑行（见 131~132 页）
- 单腿背桥（见 164 页）
- 高位跪姿弓箭步下的腰部扭转（见 98 页）
- 动态弓箭步下的二头弯举（见 173 页）
- 负重双臂飘起下的提踵向下卷动（见 113 页）

训练计划 5
- 提踵普拉提站姿（见 60 页）
- 站姿单侧伸展（见 104 页）
- 双腿上提下压（见 156 页）
- 仰卧屈髋屈膝位（见 48 页）：收下巴和颈部转动（见 52 页）
- 双膝转动之胸腔闭合（见 73 页）
- 基础臀桥（见 158 页）
- 髋部卷动之腿部伸展（见 103 页）

- 卷腹下的双膝行军踏步（见 93 页）
- 卷腹旋体下的单手更多伸展（见 117 页）
- 百次拍击——选择适合的难度等级（见 124 页）
- 十字交叉卷腹（见 118 页）
- 鱼雷式下的双腿抬起（见 143 页）
- 蝴蝶式（见 101 页）
- 手臂负重练习系列：仰卧悬臂二头弯举，仰卧推胸，仰泳手臂练习，飞鸟（见 151~152 页）
- 蜥式起身之单膝和脚踝弯曲（见 179 页）
- 眼镜蛇预备式（见 174 页）或完全眼镜蛇式（见 176 页）
- 俯卧腿部拍击（见 177 页）
- 猫式伸展（见 95 页）
- 休息姿势（见 108 页）
- 单臂双膝跪地俯卧撑（见 150 页）
- 背桥之行军踏步（见 163 页）
- 骨盆卷动之划船预备式（见 135 页）
- 高位跪姿弓箭步下的单侧伸展（见 105 页）
- 动态弓箭步下的二头弯举（见 173 页）
- 向下卷动（见 110 页）

健康的未来

当你读到这一页时,你应该在变苗条、变健康的路上走得很顺利,拥有了理想的体型了。生活方式上的小改变已经融入你的生活,就像每天刷牙一样。你的外貌和感受都非常好。恭喜你!

但你改变的不仅仅是你的生活,你还为下一代人树立了榜样。这非常重要,尤其是现如今儿童肥胖群体不断扩大的情况下。如果这种趋势一直延续下去,那么我们的下一代可能会面临严重的健康问题。因为孩子们是跟着我们走的。如果你需要额外的动力来维持这种健康的生活方式,请记住,母亲的生活方式和活动水平对孩子的健康有着巨大的影响。

2018年发表的一项来自挪威的研究报告指出,如果母亲的体重减轻或增加,那她孩子的体重也会发生相同的变化。研究结论是,如果父母做出会导致肥胖的行为,那么这些行为也会反映在他们的孩子身上。

我们在这本书的开头写道,我们不仅要负起责任让自己过上健康的生活,对家庭和孩子也要担负起这个责任。我想不出还有什么更好的礼物可以送给我的子孙后代——这份礼物就是健康的未来。

图书在版编目（CIP）数据

普拉提塑形私教全书 /（英）琳恩·罗宾逊著；朱辛颖译. — 北京：中国轻工业出版社，2024.9

ISBN 978-7-5184-3673-6

Ⅰ.①普… Ⅱ.①琳…②朱… Ⅲ.①健身运动 Ⅳ.① G883

中国版本图书馆 CIP 数据核字（2021）第 191001 号

版权声明：

First published in Great Britain in 2020 by Kyle Books, an imprint of Octopus Publishing Group Ltd Carmelite House
50 Victoria Embankment London EC4Y 0DZ
Text Copyright 2020 © Lynne Robinson
Design and layout copyright 2020 © Octopus Publishing Group Ltd
All rights reserved.
Lynne Robinson asserts the moral right to be identified as the author of this work

责任编辑：翟　燕　　　　责任终审：李建华
整体设计：锋尚设计　　　责任校对：朱燕春　　责任监印：张　可

出版发行：中国轻工业出版社（北京鲁谷东街5号，邮编：100040）
印　　刷：北京博海升彩色印刷有限公司
经　　销：各地新华书店
版　　次：2024年9月第1版第4次印刷
开　　本：889×1194　1/20　印张：11
字　　数：200千字
书　　号：ISBN 978-7-5184-3673-6　定价：68.00元
邮购电话：010-85119873
发行电话：010-85119832　010-85119912
网　　址：http://www.chlip.com.cn
Email：club@chlip.com.cn
版权所有　侵权必究
如发现图书残缺请与我社邮购联系调换
241565S6C104ZYQ